U0816214

全国技工院校公共课教材

RICHANG LIYI YU KOUCAI XUNLIAN

日常礼仪与口才训练

（第二版）

主　编：邓建君

副主编：邓宏萍　朱小娟

参　编：胡秀霞　王宇琳

中国劳动社会保障出版社

图书在版编目(CIP)数据

日常礼仪与口才训练/邓建君主编. -- 2版. -- 北京：中国劳动社会保障出版社，2019
全国技工院校公共课教材
ISBN 978-7-5167-3848-1

Ⅰ.①日… Ⅱ.①邓… Ⅲ.①礼仪-技工学校-教材②口才学-技工学校-教材 Ⅳ.①K891.26
②H019

中国版本图书馆 CIP 数据核字(2019)第 216692 号

中国劳动社会保障出版社出版发行
（北京市惠新东街 1 号 邮政编码：100029）
*
北京谊兴印刷有限公司印刷装订 新华书店经销
787 毫米×1092 毫米 16 开本 8 印张 168 千字
2019 年 10 月第 2 版 2024 年 5 月第 11 次印刷
定价：22.00 元

营销中心电话：400-606-6496
出版社网址：http://www.class.com.cn
http://jg.class.com.cn

版权专有 侵权必究
如有印装差错，请与本社联系调换：(010) 81211666
我社将与版权执法机关配合，大力打击盗印、销售和使用盗版图书活动，敬请广大读者协助举报，经查实将给予举报者奖励。
举报电话：(010) 64954652

前　言

为了提高全国技工院校学生的人际交往、待人处事能力，掌握必备的礼仪规范知识，人力资源社会保障部教材办公室组织编写了全国技工院校公共课教材《日常礼仪与口才训练（第二版）》。本教材着重培养学生的个人修养及口头表达能力，为他们走上职场并获得进一步发展打下基础。

本教材本着为学生的专业发展和终身发展服务的原则，从技工院校学生的实际出发，强调能力训练，力求选用适合提高学生礼仪修养、口才能力，反映时代文化和精神，表现人文关怀和当代理念的典范素材。该教材内容简洁通俗，注重传授有效的训练方法，并突出趣味性、新颖性，配以插图、照片、练习、课堂训练、相关链接等，使学生产生强烈的自主学习欲望，以期在较短时间内，通过强化训练提高学生的人际交往能力和口头表达能力，使学生能够解决生活、学习中的实际问题，达到学以致用的目的，从而适应未来从事职业的需要。

本教材共八章，力求用生动的案例使学生掌握相关的日常礼仪知识和口才训练的方法。本教材配有电子课件，可登录 jg. class. com. cn，在对应书目下下载。

本教材由邓建君任主编，邓宏萍、朱小娟任副主编，胡秀霞、王宇琳参加编写，孔丽娇绘制插图。

恳切希望广大读者对教材提出宝贵意见和建议，以便修订、完善。

人力资源社会保障部教材办公室

2019 年 10 月

目　录

CONTENTS　全国技工院校公共课教材

第一章　礼仪与口才概述

第一节　礼 仪 概 述

一、礼仪的概念

荀子说："人无礼则不生，事无礼则不成，国无礼则不宁。"礼仪是人类文明的重要组成部分，是世界各民族宝贵的精神财富。

我国礼仪文化源远流长。古人云："中国有礼仪之大，故称夏；有服章之美，谓之华。"中国是礼仪之邦，礼仪是中华优秀传统文化的体现。

礼仪规范了人际交往的行为秩序，体现个人在人际交往中的基本素质。礼即礼貌、礼节，仪即仪表、仪态、仪式。讲究礼仪就是在思想上对交往对象有尊敬之意，言谈举止上体现礼仪规矩，外在上注重仪容、仪表、仪态，正式场合中遵循礼仪程序等。

二、礼仪的作用

古人云："不学礼，无以立，礼仪三百，威仪三千。""国尚礼则国昌，家尚礼则家大，身尚礼则身修，心尚礼则心泰。"

在生活中，人与人之间的交流，需要用礼仪来表达彼此之间的友好、尊重，增进彼此的了解，建立和谐、愉悦的人际关系。

在工作中，良好的礼仪可以更好地向他人展示自己的长处和优势。你的服饰、言谈举止可能影响到你的面试结果、晋升或与同事的关系。例如：某公司招聘前台服务员，凡在工作人员递送茶水时礼貌对待并表示感谢的应聘者均进入了复试。

在工作场所中，某些不得体的言行举止会带来很严重的后果。小苏毕业后进入一家公司，开始了为期半年的试用期。一次，部门包经理要她打个电话给另一部门的吴经理，请他协助处理一项工作。小苏拨通了电话就问："是吴经理吗？包经理叫我告诉你，你把这事赶紧处理一下，包经理很急的，处理完别忘了给我回个电话！"包经理在一旁皱了皱眉头，又摇了几下头。此后，包经理再没有委托小苏做重要的事情。试用期过后，小苏没有被录用。

显然，小苏没有意识到自己的讲话很不礼貌，对吴经理命令式的传话是对吴经理的不尊重。这种对他人不尊重的职员，应聘时是不会受欢迎的，因为他会影响公司的形象。

在商务谈判中，某些不雅的言行会使你失去合作伙伴。甲工厂想从乙公司引进一条生产无菌输液软管的先进流水线，经过长期艰苦努力，对方终于同意在合同上签字。签字当天，在步入签字现场时，甲工厂厂长突然咳嗽了一声，涌上一口痰，他看看四周，一时没能找到可以吐痰的地方，便随口吐在了墙脚，并小心翼翼地用鞋底蹭了蹭。乙公司代表见此不由皱了皱眉。这个随地吐痰的细节引起了他深深的忧虑：输液软管是专供病人输液用的，必须绝对无菌才能符合标准，可西装革履的甲工厂厂长居然随地吐痰，想必该厂工人素质不会太高，如此生产出的输液软管怎么可能绝对无菌。于是，乙公司代表当即改变主意，断然拒绝在合同上签字，甲工厂近一年的努力白费了。

总而言之，在人际交往中，恰当的礼仪可以获得对方的信任，进而建立和谐愉悦的人际关系。具有良好形象和信誉的个人更容易获得成功。同样，一个具有良好形象和信誉的公司或企业，更容易获得社会各方的信任和支持，在激烈的市场竞争中立于不败之地。

一个人讲究礼仪，就会在众人面前树立良好的个人形象；一个职业人讲究礼仪，就会有利于帮助其所在的组织、团体树立良好形象，赢得公众的赞誉。所以，学习、讲究礼仪既是个人良好素质的体现，也是树立和巩固个人及其所在组织、团体良好形象的需要。学习礼仪知识，有助于改善个人形象，提高个人综合素养。

若同学们想要提高自己的社会交往、待人处事及择业的能力，就要重视礼仪学习，掌握必备的日常礼仪规范。

三、日常礼仪训练的基本要求

（一）尊重平等原则

在人际交往中，必须尊重他人的人格，尊重他人的劳动，尊重他人的爱好和情感。只有先尊重他人，才能得到他人的真诚相待。某学者曾称，自己经过办公大门时总是一推而过，然后撒手不管。有一次他一撒手，门向后猛弹，结果他身后的人被撞倒并发出了一声大叫，吓了他一跳，幸好对方没有追究。后来他经过大门时，总要停步扶门，等到后面的客人鱼贯而入，或有人半途接力，再缓缓放手，因而不断听到后来的人们说“谢谢”。尊重是礼仪的情感基础，人们互相尊重，才能保持和谐的人际关系，形成良好的社会风气。

与人交往，还应平等相待，既不应该因为年长、位高而骄傲、自负，也不应该因为年轻、位低而自卑、自惭。

（二）注重实践

掌握日常礼仪的知识，提高礼仪修养，要避免纸上谈兵，应将学到的礼仪知识和实践紧密结合起来，注重从实际情况出发，灵活运用知识。俗话说：“眼过千遍，不如手过一遍。”只有实践，才能将知识融会贯通，才能加深对礼仪规范的理解和领会。在实际训练中，还要注意找出自己的不足和差距，不断完善自身行为，提高礼仪修养。

（三）要有严格的自律精神

自律就是自我约束，为自己定出要求，自觉遵照执行。这也就是说，要通过自己要求自己，变被动为主动，自觉地遵循礼仪规范，用以约束自己的一言一行，以便培养良好的礼仪修养。

作家梁晓声在其《文明的尺度》一文中叙述了这样一件事：一次，他和老作家林斤澜、柳溪访问法国，一位法国青年担任他们的翻译。一天，他们的车在路上撞了一只农家犬，准确地说，只是“碰”了一下，狗叫着跑开时，一条后腿稍微有一点瘸。法国青年将车停下，去找养那只狗的人家。十几分钟后他回来了，说没找到。半小时后，他们在一个小镇的快餐店吃午饭，法国青年说还得开车回去找一下，要不“心里很别扭”。梁晓声陪他去找，终于找到了养狗的农家，那条狗已经若无其事了。法国青年向狗的主人郑重道歉，主动留下名片、车号、驾照号码……回来时，他心里不“别扭”了，接下来的一路，又有说有笑了。

在没有他人监督的情况下，我们也应该时时约束自己，使自己的行为举止符合礼仪的规范，通过自律养成良好的礼仪修养，这就是儒家倡导的“君子慎独”。慎独的核心是自觉，在无人监督时也能严格要求自己。慎独是提高修养的有效方法。它能将礼仪规范真正内化于心，外化于行，使我们成为一个行为举止得体、文明有礼的好公民。

（四）持之以恒

知识靠日积月累，素质靠点滴养成。进行日常礼仪训练，提高自身的礼仪素养，关键靠坚持。同学们只要按照礼仪规范去做，注重细节，经过长期不懈的努力，就能养成良好的礼仪习惯。

练习

1. 联系生活实际，列举生活中曾令自己感到温暖的礼仪细节。

2. 客人来访进门换鞋时，鞋带绑得太紧，迟迟解不开，只得一直弯腰站着费劲地解。若你是主人，见此情景会如何做，以体现自己对客人的体贴？

相关链接

测测你的礼仪指数

1. 在街上或其他场合遇到认识的人，你总是热情打招呼吗？

2. 乘坐公共汽车，你会主动为老弱病残孕及怀抱婴儿的乘客让座吗？

3. 你对待商店、饭店、咖啡店的服务员总是很有礼貌吗？

4. 与他人一起进出时，你总是抢先一步把门打开，让他人先通过，然后自己再轻轻地把门关上吗？

5. 你认为说粗话、脏话、低级笑话是不文明的表现吗？

6. 你很容易展露笑容吗？

7. 你在公共场合总是穿着整洁大方吗？

8. 你在和人交往中总是注意使用“谢谢”“对不起”“没关系”等礼貌用语吗？

9. 过十字路口时，你从来没有闯过红灯，是吗？

10. 在与他人交谈时，你总是认真倾听吗？

测试结果：

回答 8 个及以上“是”，表明你的礼仪指数较高；回答 6~7 个“是”，表明你的礼仪指数一般；回答 6 个以下“是”，表明你的礼仪修养亟待提高。

第二节　口才概述

一、口才的概念

简单地说，口才就是说话的才能，是指人们在学习、生活和工作中，运用口语迅速、准确、生动地表达思想感情和进行交流的能力，是一个人智慧、能力和素养的全面而综合的反映。

二、口才的作用

我国历史上自古就有“一人之辩重于九鼎之宝，三寸之舌强于百万之师”“片语可以兴邦，一言可以辱国”之说，这形象地说明了口才的重要作用。历史上著名的烛之武退秦师的故事就生动地印证了这一观点。战国时期，晋、秦两国联合围攻郑国，郑国形势危急。佚之狐建议郑伯派烛之武去见秦伯，说服他撤军。郑伯同意了，当夜用绳子将烛之武从城墙上放下去。见到秦伯，烛之武说：“秦、晋两国围攻郑国，越过晋国把远方的郑国作为秦国的东部边境，您既然知道是困难的，又何必要灭掉郑国而增加邻邦晋国的土地呢？邻邦的国力雄厚了，秦国国力也就相对削弱了。假如放弃灭郑的打算，而让郑国作为秦国东方道路上的主人，秦国使者往来之时，郑国可以随时供给他们所缺乏的东西，这样对秦国来说，也没有什么害处。况且，您曾经对晋惠公有恩惠，他也曾答应把焦、瑕二邑割让给您。然而，他早上渡河归晋，晚上就筑城拒秦，这是您知道的。晋国哪里有满足的时候呢？现在它已把郑国当作东部的疆界，又想扩张西部的疆界。如果不侵犯秦国，晋国从哪里取得它所想要的土地呢？秦国受损而晋国受益，希望您好好考虑考虑吧！”秦伯被说服了，他与郑国订立了盟约，并派杞子、逢孙、杨孙帮郑国守卫，率军回国。晋军无奈，只得撤兵。

中央电视台《对话》节目《全球大调查问卷》中有这样一个问题：“您认为在未来十年中最具有竞争力、最有希望成功的人应具备哪些素质？”令人惊奇的是，有26位商界巨子不谋而合地选择了交际能力、交流能力和公关能力等与口才密切相关的词汇。可见，一个人在融入社会时，口才越来越显示出其独特作用。

在现实生活中，应聘、合作、讨论、请示、汇报、谈判、购物、旅游等，都依赖于口语表达。良好的口才能起到化腐朽为神奇的作用。某女主持人在一次文艺晚会上，中途退场时，不小心踩空台阶，滚到台下，台下的观众哗然。女主持人站起身，面带笑容镇定地对观众说：“真是人有失足，马有失蹄，我刚才的狮子滚绣球滚得还不够熟练吧。看来这次演出的台阶还不那么好下呢。但是台上的节目会很精彩，不信，大家瞧他们。”话音刚落，全场爆发出热烈的掌声。

一次，时任格力总裁的董明珠应邀参加全球商务论坛，在最后的问答环节，有人问她：“企业能有今天的发展，你和朱江洪谁的贡献大？”董明珠不紧不慢地说：“相传在很久很久以前，不在同一个庙里，而是分别掌管不同的庙。弥勒佛热情好客，所以来的人非常多，但他大大咧咧，所以总是入不敷出。而韦陀虽然管账是一把好手，但成天阴着个脸，太过严肃，导致门庭冷落。佛祖发现了这个问题后，就将他俩放在同一个庙里，由弥勒佛负责公关，笑迎八方客，而让铁面无私的韦陀负责事务，庙里立即呈现出一派欣欣向荣的景象。这是一种相辅相成的关系，难以断定谁的贡献大。我和朱董也是这样的一种关系，公司的发展凝聚了我们共同的智慧和汗水，贡献不分谁大谁小。”一个是董事长，另一个是总裁，论对企业的发展贡献大小，着实是一个难题。董明珠在此没有就事论事，而是巧借弥勒佛和韦陀的故事即兴发挥，巧妙地回答了这个难题，形象地说明了二人“相辅相成”的关系，水到渠成地得出“贡献不分谁大谁小”的答案。用一个鲜活的故事轻松化解难题，令提问者心服口服，其聪明与口才让人由衷赞叹。

当今社会，竞争日趋激烈，能言善辩、口才出众的人越来越显示出独特的优势。在某次失误后，领导把下属叫到一起，责问道：“问题究竟出在哪里？出在谁身上？”此时，洗清自己未免有争功诿过之嫌，揽责则可能会受到更多责备。晓敏看看大家，站起来说：“这个错误不大，我可以修改一下，说不定会有不同的效果。”领导脸色缓和下来，表示同意后，大家都松了口气，对小敏投来感激的目光。美国心理学家、人际关系学家戴尔·卡耐基说：“一个人的成功，15%取决于知识和技术，85%取决于沟通——发表自己意见的能力和激发他人热忱的能力。”同学们应重视锻炼提高自己的口才。

三、日常口才训练的基本要求

（一）力求简洁

使用口语交际时要有较强的口语意识。说话者应采用通俗易懂的口语，在用词上要少用或不用难懂的词语和专业术语，在句式上以短句为主，少用长句与复杂句，力求表达得简洁明了，使听者一听就明白。

（二）克服胆怯

如何练好口才，使自己自信地面对公众讲话呢？别怕出丑，消除心中的恐惧是拥有良好口才的第一步。

中央电视台著名主持人白岩松和张越在大学时都是非常胆小腼腆的人。白岩松在大学里时常因为自己来自乡下，不敢和女同学讲话，毕业照上的他还戴着墨镜。张越因为自己太胖不敢穿裙子，不敢跑步，怕别人嘲笑自己。大学毕业后，迫于工作的需要，白岩松和张越不得不努力克服自卑，不断锻炼，终于日益自信，拥有了出众的口才，成长为家喻户晓的著名主持人。

英国著名演说家萧伯纳说：“我是以自己学溜冰的方法来指导我练习演讲的。这就是固执地、不断地让自己出丑，直到自己习以为常才罢休。”萧伯纳说自己曾是伦敦最胆怯的人之一。有一次，萧伯纳去拜访一位客人，由于胆怯，他在河堤上徘徊了20多分钟，才壮起胆子去敲客人的门。这种事情在他身上绝不止发生过一次。但后来，他加入了一个辩论学会，这个学会经常举办聚会。只要有这样的聚会，萧伯纳就一定参加，他还积极参加各种活动，到处演讲。就是这样不断训练，不断出丑，萧伯纳成了出色的演讲家。

（三）勤学苦练

好口才是练出来的。想要拥有良好的口才，就要坚持不懈，刻苦训练，练习得越多，进步就越大。古希腊著名演说家德摩斯梯尼小时候为矫正口吃，使口齿清晰，将小石子含在嘴里不断地练习演说，经过12年刻苦磨炼，终于获得成功。

想要拥有好的口才，在坚持不懈地努力练习的同时，还要善于博采众长。美国总统林肯出身于农民家庭，当过雇工、石匠、店员、舵手、伐木者等，从不放松口才训练。17岁时他常徒步30多英里到镇上，听法院里的律师义正词严的辩护，听传教士高亢悠扬的布道，听政界人士慷慨激昂地演说，回来后就寻一无人处精心模仿演练，口才日渐进步。1930年夏，他为准备在伊利诺斯集会上的演讲，面对光秃秃的树桩和成片的玉米，一遍又一遍地试讲。林肯说自己的成功秘诀是：“每个人都可能做我的老师！”这和孔子的“三人行，必有我师焉”如出一辙。

想要拥有好的口才，还必须不断积累自己的知识，充实自己的讲话内容，这就需要多阅读有关口语交际训练的书籍，多学习名人的精彩言论。许多著名演讲家之所以口才出众，都与他们熟读或背诵历代著名学者、文学家的大量经典名篇密切相关。腹有诗书气自华，多读好书，能在不知不觉中使自己的言辞变得优雅生动。所以，一定要有恒心和毅力，坚持不懈地阅读好书，随时利用空闲时间，切实完成自己的读书计划。

练习

1. 结合自己的实际情况谈谈对口才的认识。
2. 你打算怎样提高自己的口才？

相关链接

珍惜每一个当众出丑的机会

他上初中时还很腼腆，曾被人误认为是女孩子，而且还有点结巴。后来经过刻苦练习，长大后成为一名颇有名气的电视台主持人。当回忆自己的成长之路时，他说："人要珍惜每一个当众出丑的机会。我在上初中的时候，老师让我参加演讲比赛，写了演讲稿，也倒背如流了，我让家里的人说出任何一个自然段的头一个字，我唰唰地就把下面的给背出来了。上台的时候，台下黑压压的一片，我背了第一段，就想第二段开头的字，背完了第二段，我的大脑里一片空白，冲着全校师生沉默了足有一分钟，吓得尿裤子了，全校师生目睹着我跑出了校门。后来我回学校总觉得旁边有女生在笑我。老师对我说：'虽然你没有讲完，在学校没有名次，但你演讲的那两段挺好的。你不要紧张，能背下来肯定能得一个名次，我推荐你去区里参加比赛。'结果真得了一个名次。从此之后，我觉得自己还行，也能经常在这种场合露露脸。再往后，我就慢慢地总结出一个道理：只要在大庭广众之下讲话，就要设法在心理上进入一个无我的状态，让自己从容自信。当众讲话出丑的次数多了，胆量也就大了，口才也就能练得越来越好。"

第二章　体态礼仪

体态即姿态和举止，它在很大程度上反映一个人的素质、受教育的程度及能够被别人信任的程度。大方得体的体态往往能给人留下深刻的印象。

古人云："站如松，行如风，坐如钟，卧如弓。"这是对体态美的形象概括。在人际交往中，我们要注意自己的行为举止，学习恰当的站姿、坐姿、步姿和蹲姿等，使自己成为举止优雅的人。

第一节　站姿的礼仪

优美的站姿能显示个人的自信，衬托出良好的气质和风度，给他人留下美好的印象。

一、站姿的基本要领

站姿

站如松，站姿的基本要求是正和直，其基本要领是：

（一）头正

抬头，双目平视，面带微笑，精神饱满。

（二）肩平

双肩放松，稍向下沉，展肩的同时呼吸自然。

（三）臂直

双臂放松，自然下垂于体侧，手指自然弯曲。

（四）躯挺

躯干挺直，挺胸、收腹、提臀，给人以挺拔之感。

（五）腿并

双腿并拢立直，膝、两脚跟靠紧，脚尖分开。

站姿可以适当变换，避免劳累或显得呆板。站立时，男士的脚可呈"稍息"姿态，两脚之间距离不能太小也不能太大；女士的脚可呈"丁字步"，前面的一只脚跟靠在后面的一只脚的脚窝处，两只脚之间的夹角是45度左右，女士应站得亭亭玉立，男子应站得刚毅挺拔。

二、常见站姿

（一）一位站姿

一位站姿也称标准式或侧放式站姿。双手自然下垂，置于身体两侧，脚跟靠紧，脚尖分开呈“V”字形。

一位站姿

（二）二位站姿

二位站姿也称前腹式站姿。双手自然并拢，右手搭在左手上，轻贴于腹前，女士两脚呈丁字步，男士两脚开立，与肩同宽。

二位站姿

（三）三位站姿

三位站姿也称后背式站姿或背后交叉式站姿。多用于男士，双手在体后交叉，左手搭在右手上，贴于腰部，双脚开立，与肩同宽。

三位站姿

（四）四位站姿

一手放于体前，一手背于体后，男士双脚平行分开，女士两脚呈丁字步。女士也可一手放于体前，一手垂放于身侧，或一手放于体后一手垂放于身侧。

四位站姿

课堂训练

1. 两人背靠背站立：脚跟、小腿肚、臀部、双肩和后脑勺贴紧，为加强效果可在五个触点夹上小卡片。此练习可训练站立时的挺拔感。

2. 背靠墙站立：将脚跟、小腿肚、臀部、双肩和后脑勺与墙壁靠紧。此训练可使训练者有一个完美的背影。

3. 头顶书本站立：颈部自然挺直，下巴向内收，上身挺直，目光平视，面带微笑，把书本放在头顶中心，保持书本稳定，头、躯干自然保持平稳。

4. 对镜或面对面训练：面对镜子或面对同学，选取自己喜欢的站姿进行训练，仔细检查自己的站姿及整体形象，发现问题及时纠正。

以上训练时间可为 20 分钟/次，可配音乐进行训练。

背靠背站立

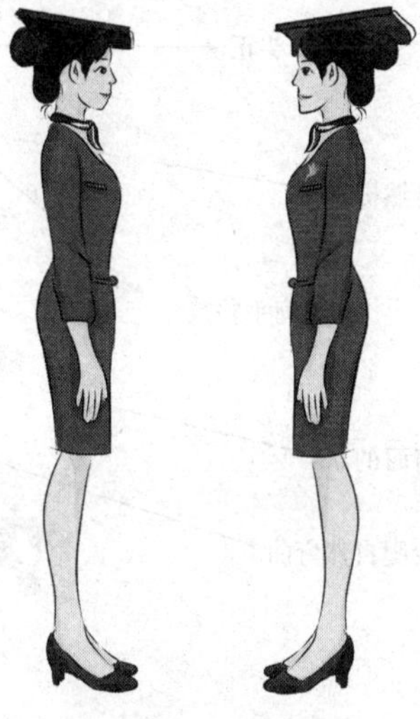

面对面头顶书本站立

练习

1. 站姿的基本要领是什么？

2. 站姿的常见类型有哪些？

第二节　坐姿的礼仪

坐如钟，坐姿的基本要求是端正。优雅的坐姿传递着自信、友好、热情的信息，同时也显示出高雅端庄的良好风范。

一、坐姿的基本要领

头正，嘴角微闭，下颌微收，双目平视，面容平和自然。上身自然挺直，挺胸，不要左右摇晃，双肩平整放松，双臂自然弯曲，双手自然放在双腿或椅子、沙发扶手上，掌心朝下。双膝自然并拢，双腿自然弯曲。坐椅面的2/3。

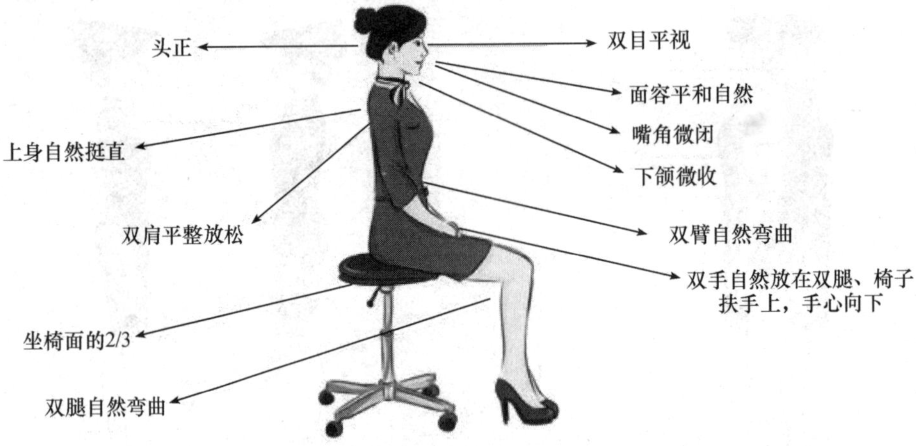

坐姿

二、公共场所的入座要求

（一）入场时

进入公共场所时，如会场、赛场等，举止要自然大方，有秩序地按组织者指示的位置落座。如果附近坐着熟人，应该主动打招呼；如不认识，可点头微笑。若是气氛严肃或庄重的场合，则不要东张西望，不要寒暄，不要随便换位。如有特殊情况，可举手示意组织者，经允许后低声交流，以不扰乱场所气氛为度。

（二）入座时

入座应当轻而稳。走到座位前约 10 厘米处缓慢转身，单脚向后收半步，找稳重心再落座。和客人同时入座时，先请对方入座。

女士穿裙子落座时，应在站立的姿态上，腿靠近椅子坐下。如果衣领较低，一手放于胸前，一手将裙子后片向前拢一下，再轻轻坐下来。

（三）入座后

上身自然挺直，不要左右摇晃，双肩平整放松，双臂自然弯曲，双手自然放在双腿或椅子扶手上，掌心朝下，双腿自然弯曲。头正，嘴角微闭，下颌微收，双目平视，面容平和自然。落座后臀部占椅面的2/3即可。

女士落座后双膝并拢，两脚并齐或呈T字步。男士落座后膝部可以分开些，但不要超过肩宽，也不能两腿叉开半躺在椅子里。

听他人讲话时要精神集中，不能同他人说笑或看手机等；上身要些许前倾，与对方保持眼神交流并做出适当回应。

（四）离座时

离座时要自然稳当，身边如果有人在座，应该用语言或动作向对方先示意，声音要轻，动作要小。离座时单脚向后收半步，保持重心再起身。起身时幅度不要太大，不要碰翻桌上的物品。

三、常见坐姿

（一）标准式

双腿自然弯曲，小腿垂直于地面，双手分放在两膝或椅子扶手上。女士两脚保持小丁字步或双脚并拢着地，男士两脚分开一拳宽，两脚平行朝前。

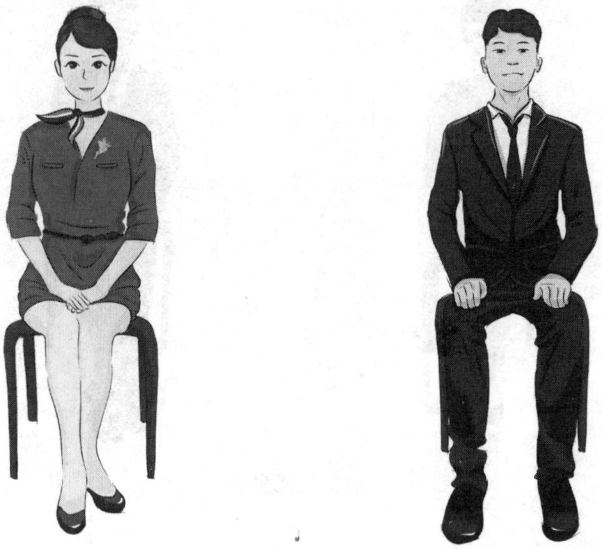

标准式坐姿

（二）前伸式

在标准式的基础上，女士两脚向前伸出一脚的距离（图略），男士右脚向前半脚。脚尖不要翘起。前伸式适用于与人面对面交谈，故身体应略前倾，表示对对方的尊重。

前伸式坐姿

（三）前交叉式

一脚置于另一脚上，两踝关节处交叉，双脚脚尖着地。女士双膝并拢，男士双膝自然分开。

前交叉式坐姿

（四）后点式

女士两小腿后屈，脚尖着地，双膝并拢，与标准式相似；男士两脚并拢，小腿向后屈回，脚掌撑地。

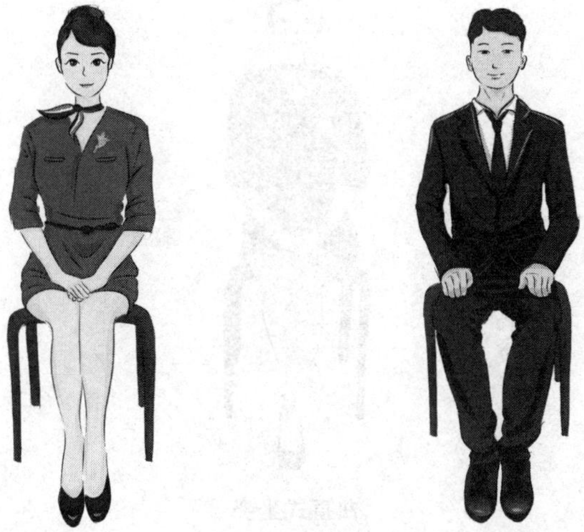

后点式坐姿

（五）重叠式

在标准式坐姿的基础上，一腿垂直于地面，另一条腿提起，腿窝落于垂直腿上，位于上方的腿向里收，并贴住垂直腿，重叠腿的脚尖向下。

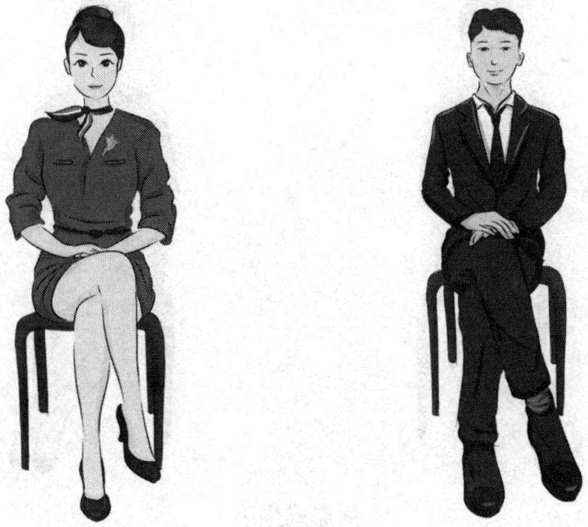

重叠式坐姿

（六）曲直式

仅用于女士。右脚前伸，左小腿屈回，双膝并拢，左脚前脚掌着地，两脚前后在一条直线上。

曲直式坐姿

（七）侧点式

仅用于女士，有右侧点式和左侧点式两种。采用右侧点式坐姿时，两小腿向右斜出，双膝并拢，右脚跟靠拢左脚内侧，右脚掌着地，左脚尖着地。采用左侧点式时双腿的放置方向正好相反。

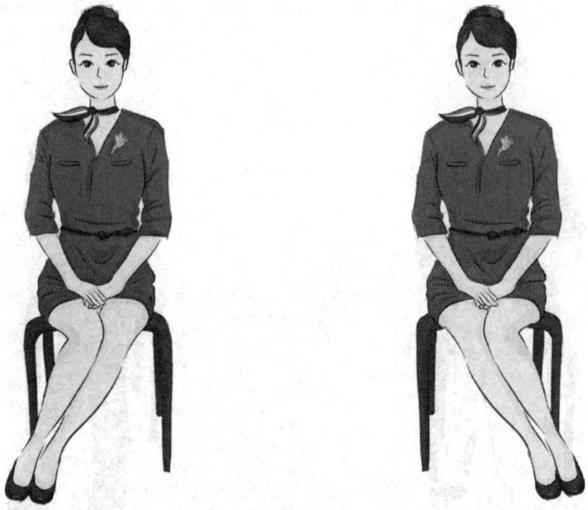

侧点式坐姿

（八）侧挂式

仅用于女士，有右侧挂式和左侧挂式两种。右侧挂式在右侧点式的基础上，右小腿后屈，脚绷直，脚掌内侧着地，左脚提起架在右腿上，用脚面贴住右脚踝，膝与小腿并拢，上身保持正直。采用左侧挂式坐姿时双腿的放置方式正好相反。

侧挂式坐姿

课堂训练

1. 两人面对面练习：进行各种坐姿的训练，互相监督，并指出对方的不足。
2. 对镜训练：坐在镜子前面，按照坐姿的要求进行自我纠正。

以上训练时间可为20分钟/次，并可配合音乐进行。

练习

1. 女士坐姿的常见类型有哪些？
2. 男士坐姿的常见类型有哪些？

第三节 步姿的礼仪

步姿是人体呈现出的一种动态姿势，是站姿的延续，是人的动态美的重要形式，标准的步姿要以端正的站姿为基础。

人行走时应如行云流水，有一种轻快、自然、流畅之美。良好的步姿应体现个人的精、气、神。

一、步姿的基本要领

步姿

（一）头正

双目平视，精神饱满，面带微笑。

（二）肩平

双肩平稳，双臂自然摆动，摆动时双手与双腿的距离不超过一拳。

（三）躯挺

上身挺直，立腰收腹，身体重心稍前倾。

（四）步位直

脚跟先接触地面，依靠后面的腿将身体重心送到前脚掌，使身体前移。两脚落地后的轨迹呈直线。

（五）步幅适度

行走中前脚的脚跟与后脚脚尖之间的长度为一步幅。一般男士一步幅是 40 厘米左右，女士略小。

（六）步速平稳

行进中的速度应保持均匀、平衡，不要忽快忽慢，步速每分钟约 80~100 步。

（七）有节奏感

行走时脚要离开地面，要走得有节奏感，不能在地上蹭着走。女士走直线，男士走平行线。女士的步姿应轻盈端庄，男士的步姿应刚健潇洒。

二、当众发言时的步姿要求

（一）走上讲台

当听到主持人介绍自己时，应精神饱满、面带微笑地走上台。走路时要目视前方，昂首挺胸，收腹提臀，上身平稳，步伐矫健有力，双手自然摆动。走上台后选择最适当的位置，一般站在麦克风前，灯光照射下，在每位观众都能看到的位置停下来。如果站立的位置需要调整，应采用单脚移步微调的方式。有心理学家研究表明，观众在开始的 7 秒钟内就能对演讲者或朗诵者做出判断，有经验的演说家、表演艺术家往往很重视走上台的那一瞬间，力求走得有风度、有神韵，给观众留下最好的印象。

（二）敬礼问候

面向观众站好后，不要着急讲，要微笑着扫视全场，用目光与观众交流，再以诚恳的态度向观众鞠躬（也可先打称呼后鞠躬）。鞠躬以 45 度为宜。接着自报姓名、发言的标题。介绍发言题目时先停顿 1 秒，然后用洪亮的声音缓缓说出题目，以引起观众注意。

（三）走下讲台

发言完毕，微笑着向观众说：“我的发言结束了，谢谢大家!”鞠躬后稳步走下讲台。

课堂训练

1. 摆臂训练：身体直立，以肩为轴，双臂前后自然摆动。注意摆动的幅度适当，纠正双肩过于僵硬、双臂左右摇摆的毛病。

2. 步位步幅训练：在地上画一条直线，行走时检查自己的步位和步幅是否正确。

3. 头顶书训练：将书本放在头顶中心，保持行走时头正、颈直、目不斜视。

4. 协调性训练：配以节奏感较强的音乐，行走时注意掌握好走路的速度、节奏，保持身体平衡，动作协调。

以上训练时间可为20分钟/次，可配音乐进行。

练习

1. 步姿的基本要领有哪些?

2. 纠正不良体姿训练：对几位同学的站姿、坐姿、步姿分别录像。看录像，和同学一起讨论，找出不良体姿并当场纠正。对纠正后的体姿再次录像，进行前后对照分析。同学之间可以随时利用这种方法进行练习，互相观察、模仿，改进体姿。

第四节 蹲姿的礼仪

在日常生活中，蹲姿的使用频率不高，因而容易被人们忽视。对掉在地上的东西，不少人习惯弯腰或蹲下将其捡起，但这种姿势会使臀部后撅，上身前倾，显得不雅。在公共场合拾捡物品，或与孩子说话、与坐在轮椅上的人交谈等都需要讲究蹲姿的礼仪。

一、蹲姿的基本要领

蹲姿的基本要求是沉稳、大方、美观，下蹲时尽量迅速。下蹲时，两腿合力支撑身体，避免摔倒，双腿靠紧，臀部向下。蹲姿切忌两腿叉开，臀部向后撅起，或是两腿开立下蹲。

女士无论采用哪种蹲姿，都要将腿靠紧，臀部向下，最好一手轻放胸前，以免走光。

二、常见蹲姿

（一）交叉式

交叉式蹲姿通常适用于女士，尤其是穿短裙的女士，它的特点是姿势优雅。其特征是蹲下后两腿交叉在一起。其要领是：右脚在前，左脚在后站立；右小腿垂直于地面，全脚着地；左膝由后面伸向右侧，左脚跟抬起，脚掌着地；两腿靠紧，合力支撑身体下蹲。臀部向下，上身稍前倾。

交叉式蹲姿

（二）高低式

右脚在前，左脚稍后，两腿靠紧向下蹲。右脚全脚着地，小腿基本垂直于地面，左脚脚跟提起，脚掌着地。左膝低于右膝，左膝内侧靠于右小腿内侧，臀部向下，左腿支撑身体。男士两腿可适当分开。

高低式蹲姿

课堂训练

根据蹲姿的基本要领进行交叉式和高低式蹲姿训练。

练习

1. 蹲姿的基本要领是什么？
2. 蹲姿的常见类型有哪两种？其具体要求是什么？

相关链接

禁忌的站姿、坐姿、步姿和蹲姿

一、禁忌的站姿

1. 东倒西歪，无精打采，懒散地倚靠在墙上、桌子边上。
2. 低头、歪脖、含胸、端肩、驼背。
3. 将身体的重心明显地移到一侧，只用一条腿支撑着身体。
4. 身体下意识地做小动作。
5. 在正式场合，手揣在裤兜里，或双手交叉抱在胸前，或双手叉腰。
6. 男子双脚左右开立时，两脚之间的距离过大，挺腹翘臀。
7. 两腿交叉站立。

二、禁忌的坐姿

1. 双腿叉开过大。
2. 架腿方式欠妥。把一条小腿架在另一条大腿上，两腿之间空隙过大。
3. 腿直伸出去。
4. 将腿放在桌椅上或盘在座椅上。
5. 抖腿。
6. 脚蹬踏其他物品。
7. 自脱鞋袜。
8. 用手触摸小腿或脚部。
9. 手乱放，或将双肘支在桌面上，或将双手夹在两腿间。
10. 双手抱腿。
11. 上身向前趴伏在桌上或自己的大腿上。

三、禁忌的步姿

1. 方向不定，忽左忽右。

2. 体位失当，摇头、晃肩、扭臀。

3. 左顾右盼，重心后倾或前移。

4. 多人走路时，或勾肩搭背，或奔跑蹦跳，或大声喊叫等。

5. 双手反背于身后。

6. 低头、含胸、驼背。

7. 双手揣入裤兜里。

四、禁忌的蹲姿

1. 突然下蹲。

2. 离人过近。

3. 方位失当（忌正对或背对他人）。

4. 毫无遮掩。

5. 蹲着休息。

根据着装的变化掌握不同的步态

1. 穿西装时要注意挺拔，保持后背平直，两脚立直，走路的步伐可略大些。手臂放松，伸直摆动，不能晃肩，髋部不能左右摇摆。

2. 穿旗袍时要求身体挺拔，下颌微收，走路幅度不要过大，两手臂在体侧摆动不宜过大。

3. 穿长裙时走路要平稳，步幅可稍大些，保持裙摆的摆动与脚步协调。

4. 穿短裙时，行走步幅不宜过大，速度可稍快。

奥运颁奖礼仪员这样练成

2007 年 7 月 26 日至 8 月 13 日，张露丝和来自北京多个学校的 80 多名礼仪志愿者一起，在学校内接受了为期 21 天的“魔鬼训练”。每天早晨 5 点到晚上 10 点，志愿者们上午进行礼仪培训，下午进行舞蹈形体培训，晚上还要听奥组委专家的礼仪知识讲座。

含筷练笑

一、含筷练笑每次只露6~8颗牙

身材高挑的张露丝认为自己能通过选拔，最关键是因为自信和爱笑。她说发自内心的微笑能感染每个被服务的人。在培训时，她为了让自己的微笑完全达标，练习时含根筷子，每次微笑都只露6~8颗牙。

二、穿高跟鞋练站姿

培训时正值北京的酷暑，培训的姑娘们穿着薄薄的短袖衬衣练站姿，双手放在背后练习抬头挺胸，一堂课下来手酸了，汗水浸湿衣服要老师帮忙才不会贴在身上。

张露丝说，礼仪培训时老师抓得很细，甚至转身时脚和身体的移动都要一个动作一个动作抠，不到位的动作肯定要重来。她最怕的是练站姿，她的最高纪录是穿着5厘米的高跟鞋，一动不动地站了两个半小时。

第三章　招呼与介绍

第一节　招　　呼

招呼是人们日常交际中常用的礼节之一，是人们互相认识、建立联系必不可少的手段，是表示礼貌、友好、尊重的方式。

有的人不重视打招呼，认为经常见面的人用不着打招呼，自己家里人也用不着打招呼，无关紧要的人就更用不着打招呼；有的人不愿意先向别人打招呼；有的人则不好意思向别人打招呼。其实，见面先打招呼是主动、热情的表现，能获得人际交往的主动权。掌握一些必要的招呼用语，根据不同身份、不同时间和场合采取不同的招呼方式，可为交际活动营造和谐的气氛，充分体现自身素养。

一、招呼的方式及礼仪

招呼的方式有称呼式、寒暄式、体语式。招呼时应做到俗而不陋、雅而不迂、适时得体。

（一）称呼式

称呼是指人们在日常交往中彼此所采用的称谓语。在日常生活中，称呼应亲切、准确、合乎常规。某企业代表在与外国商务代表协商签订了一份商务合同后，举办了一场剪彩活动。当企业代表致辞时，他说："先生们、女士们，大家下午好，我非常高兴……"外国商务代表中有两位女士、三位男士，此时均表现出不愉快。原来，企业代表对外宾的称呼顺序有误，正确的称呼顺序应是"女士们、先生们"。

得体的称呼使人心情愉快，能够缩短人与人之间的距离，为双方交往创设良好的开端。反之，称呼不得体会引起对方的不快甚至愠怒，使双方陷入尴尬境地，造成交往受阻甚至中断。

1. 称呼的用语

（1）职务称如"李局长""张经理"等。

（2）姓名称如"约翰先生""李华女士""黄依冰小姐"等。

（3）职业称如"服务员""营业员""售票员"等。

（4）代词称如“您”“你”等。

（5）亲属称如“叔叔”“阿姨”等。

（6）一般称如“先生”“夫人”“同志”等。

2. 使用称呼的注意事项

（1）众人交谈场合要注意称呼的顺序。一般来讲，先长后幼，先上后下，先女后男，先尊后卑，先生疏后熟识，先客人后主人。

称呼时兼顾长幼差异会使年长者觉得受到了尊重，年轻人则心中坦然。若顺序颠倒，不但会使年长者不满，而且被先称呼到的年轻人也会感到窘迫。在年龄、身份相仿的群体中打招呼时，先称呼女性较为合理。

（2）要注意称谓的对象。对平辈、晚辈或下级，可用“你”，对长辈、上级可用“您”。在我国，“师傅”“同志”是常用的礼貌称呼，但是，不注意对象就会适得其反。例如，到医院称医生为“师傅”，在学校见老师叫“师傅”，看见西方国家的来宾称“同志”等，均不妥。

（3）不要忽略东西方的文化差异。在我国称年长的人为“老人家”是对长辈的敬重，但是一些国家的老人却忌讳别人称自己“老”。

（4）对初识之人不要使用太过随意的称呼。若称呼初识之人过于随意，难免令人感到不舒服。

（5）不要使用外号，尤其是带有侮辱性意味的外号称呼别人，如“胖子”“肥肥”“四眼儿”等。

（6）要记住对方姓名。每个人都珍爱自己的名字，也希望别人能记住和尊重它。当自己的名字被别人叫到时，心里会感到愉悦，对称呼自己的人怀有亲切感。例如，久别之后打招呼时在“您好”前面或后面冠以对方的名字或姓氏，会使对方心情愉悦。

（7）要考虑对方的心理因素。如有的人 30 多岁，若称他为“老刘”“老李”，会引起他的不快。对没有结婚的女人称“太太”“夫人”，她一定很反感。对新升职的同事或朋友，见面时如果主动先和他打招呼：“张主任，真想不到能在这儿见到您。”相信他听了你称他为“张主任”，一定会很高兴，这有利于融洽彼此的关系。

（8）称呼要符合对方的年龄、性别、身份和职业等具体情况。对年长者称呼要热情、谦恭、尊重；对同辈要态度诚恳，表情自然，亲切友好；对年轻人要慈爱谦和，表达出喜爱和关心。切勿使用“喂”“嘿”等来称呼他人，不要点头哈腰，满口恭维话。

（9）不要用莽撞的招呼方式。如果在公共场所遇见了熟人不可太激动，否则就会失礼，要避免如下行为：在街上，突然冲向对方，甚至冲撞了他人；在会场上，猛然从座位上跳起来并穿过整个大厅；在人群里，冷不丁地高呼朋友的名字，把旁人吓一跳。

（10）不苛求“视而不见”的相识者。请不要把不经心的视而不见与故意的轻蔑混为一谈，相识者未对你的招呼做出回应很可能是对方正在沉思，或者眼睛近视，也可能因为你的外貌有了改变。

总之，在日常生活中，我们要根据称呼对象和交往场合等具体情况，选择得体的称呼语，以收到理想的招呼效果。

（二）寒暄式

寒暄是双方见面时以天气冷暖、生活琐事及相互问候为内容的招呼方式。见面时，若只向他人点点头，或是只握一下手，通常会被理解为不想深谈。所以在谈话进入正题之前可适度寒暄，从而为双方进一步交谈做好铺垫。

1. 寒暄的主要形式

在日常生活中，寒暄的主要形式有以下几种。

（1）偶遇式寒暄

这是指在路上或公共场所偶然遇到熟人，顺便打个招呼。碰到经常见面的熟人，可说句“早上好，上班去呀”。见到较长时间没有见面的熟人，可停下来多说几句，若有急事要办，则要与对方说清楚再离开。

（2）会晤前寒暄

这是指如约见面后或客人来后，进入正题之前的交谈。常见的问候语有“您好”“请进”“请坐”等。在特殊情况下，如遇对方大病初愈、遭遇不幸等情况，寒暄问候则要格外体贴入微，暖人心扉。

2. 寒暄的内容

常见的寒暄内容如下：

（1）表示关怀

在寒暄时，对对方及家人的身体、学习、工作、生活等进行真诚亲切的问候，会令人倍感温暖，有利于加深彼此之间的感情。

李老师在食堂吃午饭时遇到学生小戴，寒暄中得知小戴为了塑身已连续两星期中午只喝粥，李老师劝告道：“只喝粥会造成营养不全面，影响身体，你是小伙子，正是长身体的时候，建议你别再每天只喝粥了。”小戴听了，心里暖暖的，连忙点头称是。第二天中午，两人再次在食堂相遇，小戴微笑着问候李老师：“李老师好，今天中午我不喝粥了，我买了盖浇饭。”李老师满意地说：“是啊，太好了，这样才对你的身体有益啊！”

（2）随意闲谈

通过谈天气、谈对方家乡的风土人情、询问双方共同熟悉的朋友近况、聊兴趣爱好、聊新闻大事等进行寒暄，可拉近双方的心理距离。

在一家旅店里，旅客李斌在房间看电视，这时又进来一位旅客张明。双方点头问好后，张明放下旅行箱，稍微休息了一下，冲了一杯浓茶，和李斌聊起来。

张明：“您好，来了很长时间了吧？”

李斌：“刚到一会儿。”

张明：“听口音您像是山东人啊？”

李斌：“我是山东枣庄人。”

张明："啊，枣庄，好地方啊！读小学时，我就在连环画《铁道游击队》里知道了。几年前去了一趟枣庄，还在那儿兴致勃勃地玩了一回呢！"

两人围绕着枣庄、铁道游击队谈了起来，如同早已熟知的老朋友。接着又互赠名片，约好日后有机会可以合作。

他们初识后交谈愉快，就在于找到了"枣庄""铁道游击队"这样的共同话题。

怎样在寒暄时找到共同话题呢？第一，可通过仔细观察对方的外貌、表情、服饰、言谈举止等，发现自己与对方的共同点。第二，主动开口，打破沉默，通过有意识地询问，找到自己与对方的共同之处。第三，请朋友互相介绍，从介绍中发现对方与自己的共同之处。

（3）给予激励

在寒暄的话语中，激励他人，给人以鼓舞和力量。

章女士在车站前见到了正在等自己的同事小蒋。

章女士："小蒋，你好，等很久了吧？"

小蒋："我也刚刚到。"

章女士："啊，真漂亮！穿新衣服了，就是你昨天提到的用上次的奖金买的那件吗？真合身啊！"

小蒋："谢谢。说起那笔奖金呀，我告诉您，那可是我人生中的第一笔奖金呢！"

章女士："你刚进咱们公司不到一年，就有这么好的业绩，我真为你高兴，你以后会干得更出色的。"

这样发自肺腑的激励式寒暄无疑使小蒋开心不已，将激励她在今后的工作中更上一层楼，也使两人的关系更加融洽亲密。

（4）表现幽默

寒暄中加些幽默诙谐的成分，对调动气氛很有效。早晨，小张偶遇邻居小李，看他步伐匆忙的样子，问："小李，是不是着急赶时间啊？"小李叹了一口气说："天气冷，起床难的综合征就犯了。这不又起晚了，要迟到了。"小张指了指身上的"游泳圈"，"你呀，太瘦了！看我这一身脂肪，赛过天然棉被，冬天从来不怕冷，起床容易得很。教你哦，多吃点，长肉是对冬天最基本的尊重。"小李听后哈哈大笑，紧张感顿时消失了不少。

这种幽默风趣、其乐融融的寒暄方式，使交谈气氛十分轻松。

（5）真诚夸赞

"您起得真早啊""您身体越来越好啦""您看上去精神很不错啊"等赞美式寒暄，会令人心情舒畅愉快。夸赞的内容最好要具体得体，这样才显诚恳。

小张所在的技能集训队很忙，大家经常加班加点，顾不上吃饭。这天，小李看见小张双手拎了好几份快餐，朝集训基地走去。小李说："小张，你们又在加班了？"小张："对啊，我都快成外卖小哥了。"小李："你真是超级暖男啊！"

张先生与一位不善言谈的朋友初次见面时说："你太像我的一个表兄了，刚才差点把你当作他，你们俩都高个头、白净脸，有一种沉稳之气……穿的衣服也太像了，深蓝色的西服……我真有点分不出你们俩了。”“真的？”这位新朋友眼里透着惊喜，他们的话匣子都打开了。张先生把对方和自己的表兄并提，无形中就缩短了两人的距离，接着在描述两人相貌时，张先生又巧妙地给对方以赞美，令对方十分开心，创设出良好的交往开端。

晓霞到办公室找小华谈工作，正谈着，晓红从外面进来，笑盈盈地说：“听到晓霞甜美的声音了，好亲切啊！”晓霞开心道：“谢谢，你总是这么漂亮，还这么会说话。”办公室里洋溢着欢快与温馨。

(6) 表示感谢

每个人都对自己无意识中给别人带来帮助感到高兴，见面时若能不失时机地点出，无疑能引起对方的兴趣。因此，见到曾帮过自己的人时，不妨当面向对方表示谢意。

刘同学在跟一个高年级学生再次见面时说：“开学时就是你帮我铺床的，那时我心里对你可感激了。”“是吗？”那个同学惊喜地说。气氛顿时热乎了许多。

当然，要取得好的寒暄效果，拉近双方的感情，我们可以在寒暄时兼顾对对方的关怀、激励、夸赞，用幽默语言营造和谐愉快的交往环境。

早上，小马开车上班，半路上右后轮车胎被扎了，在部门QQ群里向领导请假后，补好车胎开到公司已经比平常晚到了半小时。一进办公室，同事晓燕见到小马便关心地问道：“亲，早上好！看QQ知道你的车胎被扎了，怎么样了？”“是啊，半路上钉子扎进了车胎，叫外援来补了车胎。现在没事了，谢谢关心啊！”晓燕笑呵呵地递给她一只百香果：“来，泡杯果汁，压压惊！”“太感动了，谢谢！你总是这么贴心、人见人爱啊……哇，我办公桌下垃圾篓里的垃圾也帮我倒了，还换了新垃圾袋，你真是太好了！”小马因车胎被扎带来的郁闷被晓燕的暖心言行一扫而光，办公室里洋溢着温馨和愉悦。

3. 寒暄注意事项

(1) 要注意对象

寒暄要因人而异，与初次见面的人寒暄，比较通俗的说法是“您好，很高兴认识您”“见到您非常荣幸”。

与熟人寒暄，用语可以亲切具体一些，可以说“好久没见了”“又见面了”“你气色不错”“你的发型真漂亮”“您的小孙女好可爱呀”“今天的风真大”等。

对中国人适合用“您老人家今年贵庚”“你吃过了吗”；对外国人适合用“您看上去真年轻”“您真漂亮”等。

(2) 要注意环境

寒暄的内容应考虑此处的环境。

有一段相声，讲到一个因寒暄不当令人啼笑皆非的故事：

甲：有一次，我刚从洗手间出来，正好过来一个同事，他也是上洗手间，他见了我张口就问：“你吃了吗？”

乙：你怎么回答？

甲：我当然回答“吃了”，于是我就问他一句：“你吃了吗？”

乙：他怎么回答？

甲："还没有，一会吃"。

像这样不考虑场合的不当寒暄，令人发笑，也让双方颇感尴尬。不如换成："好久不见，最近还好吧？""这两天工作很忙吧？看你走路都风风火火的。"

(3) 要注意适度

寒暄要适可而止，简洁友好，尊重他人，但过多的溢美之词会给人恭维之感。在会晤时若寒暄过多，迟迟不切入正题，会令人焦虑烦躁；在本该与对方寒暄几句的时刻，却一言不发，则是极其无礼的。

寒暄语应带有友好之意、敬重之心，不可敷衍了事，也不可戏弄对方。"来了""喂，您又长膘了"等不敬之词不应使用。

寒暄时，最好不要牵涉个人隐私和禁忌等。如一见面就问人家"跟对象吹了没有""现在还吃不吃中药"等，都会令对方反感。

总之，恰当的寒暄，能给不快的人以安慰，给久别重逢的人以关怀，给邻里亲友以欢乐，并由此沟通感情，融洽关系。

（三）体语式

体语式是指使用面部表情和身体姿势等打招呼的方式。常见的体语有点头、微笑、招手、鞠躬、握手、起立、拥抱等，应根据交际双方社会角色和交际关系的不同而选用。

1. 点头

点头经常用于与熟人打招呼。用点头来打招呼时，点头者应看着对方，面部略带微笑，等对方有表示时再转向他方。点头可与微笑、鞠躬、握手配合使用。

2. 微笑

微笑是全世界通用的语言。有人说，一旦学会微笑，你将成为一笔宝贵精神财富的拥有者。在交际语言中，微笑很有感染力，一个微笑能温暖人心，表达出彼此的善意。

微笑是日常生活中常用的无声语言，是指露出 6~8 颗牙齿、嘴角两端微微上翘。微笑时要做到真诚、自然，要在合适的场合笑；出席庄严的集会、参加追悼会、讨论重大问题、告知他人不幸消息时都不应该微笑。

3. 握手

握手时要距对方约一步远，两腿并拢，上身稍前倾，肘关节微屈，手抬至腰部，目视对方，伸出右手，四指并拢，拇指张开，与对方相握即可，礼毕后松开。与人握手时应面带微笑，注视对方双眼，神态专注、热情、友好而自然。与关系亲近者握手时可增加力度，甚至双手热烈相握。握手用右手，握手时只可上下摆动，不可左右摇晃。

握手

当贵宾或老人伸出手来时，应快步趋前，用双手握住对方的手，身体微微前倾，以表示尊敬。还可根据场合，边握手边问候，热烈欢迎和热情致意。

在握手时，首先伸手的可以是年长者、位尊者、女士或主人。握手时应注意：握手要坚定、有力；握手的时间通常以 3 秒为好；男女之间握手，女士如不伸手，男士点头致意；不宜戴着手套握手。

握手是社交中见面与告别时应用的礼节，除了应本着“礼貌待人，自然得体”的原则灵活运用这一礼节外，下述场合应特别重视，不要疏忽：

（1）在被介绍与人相识，双方互致问候时，应握手致意，表示为相识而感到荣幸。

（2）当对方取得很大的成绩或重大的成果、获得奖赏、被授予荣誉称号或有其他喜事时，见面应与之握手表示祝贺。

（3）在自己领取奖品时，应与发奖者握手表示感谢。

（4）当有人向自己赠送礼品、发表祝词讲话时，应与其握手表示感谢。

（5）邀请客人参加活动，在告别之时，主人应和所有的客人握手，表示感谢对方的支持与光临。

（6）参加友人、同事或上下级的家属追悼会，在离别时，应和死者的主要亲属握手，表示劝慰。

4. 鞠躬

鞠躬时，需脱帽，呈立正姿势，面带微笑，上身前倾弯腰，下弯幅度一般为 15～30 度。鞠躬时男士双手自然下垂，贴放于身体两侧裤线处；女士的双手下垂搭放在腹前。

鞠躬

鞠躬时应注意：受鞠躬礼应还以鞠躬礼，地位较低的人应先鞠躬，并且鞠躬要相对深一些。

5. 起立

这种体语常用于集会时对报告人到场或重要来宾莅临时的致意；也用于接受主人敬茶敬酒时。起立时动作应轻而稳，不要碰翻桌上物品，不要将椅子弄出声响。

二、招呼的技巧

（一）主动大方

谁先打招呼，谁就占有了主动权。双方见面，不管彼此年龄、地位有何差距，一般应先主动、热情、大方地与对方打招呼。如果你是长辈，会因此显得和蔼可亲；如果你是晚辈，则会显得彬彬有礼。

（二）因时而异

以一天早、午、晚为例，随时间变化，打招呼也应巧妙而自然地变化。如早上可用“您早”“早上好”“您好”，中午可用“您好”“午睡了吗”，晚上可用“晚上好”“下班啦”等。

（三）因地而异

打招呼也要分场所。在公共场所，如大街上、公园、餐馆、商店等遇到熟人，可以大方自然地和熟人问候，寒暄交谈，不必故作惊喜、大惊小怪。如果在开会、看电影、看演出、听音乐会，则微笑着招招手、点点头即可。

（四）兼顾众人

如果打招呼的对象不止一个人，就要做到面面俱到。如果对方中仅有个别人是熟人，虽然只能与熟人打招呼，但目光也应顾及其他人，可微笑点头以表示对其余陌生人的尊重，也是对熟人的尊重。

（五）灵活应变

在特殊的场合打招呼，应灵活变通。如遇到伤心或让人难堪的事，与当事人打招呼时，应机敏地岔开话题，绕开令当事人不快的事。

（六）回应对方

别人向你打招呼时，应面带微笑、恳切真诚地给予回应。

课堂训练

1. 你到某同学家做客，他的父母、爷爷奶奶都对你表示欢迎，见面时你应按怎样的顺序向他们打招呼？

2. 情景再现：你外出购物，巧遇小学同学楚涵，两人愉快寒暄。

3. 阅读以下故事，在原文中画出敬辞、谦辞误用之处，并改正。

①从前有个财主，不通文墨，却偏爱假充斯文，人们寻他开心，称他为斯文财主。

②一次，斯文财主到一个新结识的朋友家做客。朋友在门前迎接他说：“今蒙先生光临敝舍，顿觉蓬荜生辉。”

③斯文财主不懂这文雅的谦逊之词，闷了一会才说：“你家敝舍真不错，我能光临敝舍，实在感到荣幸。”朋友一听，不觉哑然。

④入室坐定，彼此拉起家常。朋友说：“听说令郎在外求学，前途无量！老夫无能，犬子也不求上进，实在惭愧。”

⑤斯文财主似懂非懂，只好随朋友的话意答道：“听说老夫的犬子聪明伶俐，我家令郎哪能比得上？”朋友一愣，暗自发笑。

⑥不一会儿，共进午餐，朋友谦虚地说："很是寒酸，唯有便饭小菜而已。"

⑦斯文财主尝了两口，连忙应声说："哪里，哪里，这些而已鸡、而已鱼不酸不咸，非常好吃。"

⑧朋友不禁哈哈大笑："过奖，过奖！"

⑨斯文财主临别时，握住朋友的手说："打扰了，改日请到我贵府做客！"

练习

1. 打招呼有哪三种方式？
2. 称呼的用语有哪些？使用称呼式打招呼应遵循怎样的顺序？
3. 简述握手的礼仪。

相关链接

称呼"提拔"：和谐人际关系的润滑剂

称呼"提拔"的突出特点是有意将交际对象的称呼予以"提拔"，以满足其在特定场合中的心理需要，收到特定的表达效果。

比如，我们称摆早点摊的摊主为"老板"，称卖菜的农妇为"老板娘"，这种称呼上的身份"提拔"往往令人心情愉悦，便于拉近人们的距离。

当然，对某一方面有明显缺陷的人，千万不能"提拔"，否则很可能会产生误解，让人家误以为你是在有意取笑，适得其反。

敬辞辑录

敬辞是表示恭敬的言辞。

"令"字一族。用于对方的亲属或有关系的人。如令尊：尊称对方的父亲；令堂：尊称对方的母亲；令郎：尊称对方的儿子；令爱、令嫒：尊称对方的女儿；令兄：尊称对方的兄长；令弟：尊称对方的弟弟；令侄：尊称对方的侄子；令亲：尊称对方的亲戚。

"拜"字一族。用于自己的行为动作涉及对方。如拜读：指阅读对方的文章；拜辞：

指告辞对方；拜访：指访问对方；拜服：指佩服对方；拜贺：指祝贺对方；拜识：指结识对方；拜托：指托对方办事情；拜望：指探望对方。

“奉”字一族。用于自己的动作涉及对方。如奉达（多用于书信）：告诉，表达；奉复（多用于书信）：回复；奉告：告诉；奉还：归还；奉陪：陪伴；奉劝：劝告；奉送、奉赠：赠送；奉迎：迎接；奉托：拜托。

“惠”字一族。用于对方对待自己的行为动作。如惠存（多用于送人相片、书籍等纪念品时所题的上款）：请保存；惠临：指对方到自己这里来；惠顾（多用于商店对顾客）：光临；惠允：指对方允许自己（做某事）；惠赠：指对方赠予（财物）。

“恭”字一族。表示恭敬地对待对方。如恭贺：恭敬地祝贺；恭候：恭敬地等候；恭请：恭敬地邀请；恭迎：恭敬地迎接；恭喜：祝贺对方的喜事。

“垂”字一族。用于别人（多是长辈或上级）对自己的行动。如垂爱（多用于书信）：称对方对自己的爱护；垂青：称别人对自己的重视；垂问、垂询：称别人对自己的询问；垂念：称别人对自己的思念。

“贵”字一族。称与对方有关的事物。如贵干：问人要做什么；贵庚：问人年龄；贵姓：问人姓；贵恙：问对方的病情；贵子：称对方的儿子（含祝福之意）；贵国：称对方国家；贵校：称对方学校。

“高”字一族。称别人的事物。如高见：高明的见解；高就：指人离开原来的职位就任较高的职位；高龄：称老人（多指60岁以上）的年龄；高寿：用于问老人的年龄；高足：称呼别人的学生；高论：称别人的议论。

“大”字一族。尊称对方或称与对方有关的事物。如大伯：除了指伯父外，也可尊称年长的男人；大哥：可尊称与自己年龄相仿的男人；大姐：可尊称女性朋友或熟人；大妈、大娘：尊称年长的妇女；大爷：尊称年长的男子；大人（多用于书信）：尊称长辈。大驾：称对方；大师傅：尊称和尚；大名：称对方的名字；大庆：称老年人的寿辰；大作：称对方的著作；大札：称对方的书信。

“敬”字一族。用于自己的行动涉及别人。如敬告：告诉；敬贺：祝贺；敬候：等候；敬礼（用于书信结尾）：表示恭敬；敬请：请；敬佩：敬重佩服；敬谢不敏：表示推辞做某件事。

“请”字一族。用于希望对方做某事。如请问：用于请求对方回答问题；请坐：请对方坐下；请进：请对方进来。

“屈”字一族。如屈驾（多用于邀请人）：委屈大驾；屈就（多用于请人担任职务）：委屈就任；屈居：委屈地处于（较低的地位）；屈尊：降低身份俯就。

“光”字一族。表示光荣，用于对方来临。如光顾（多用于商家欢迎顾客）：称客人来到；光临：称宾客到来。

“俯”字一族。公文书信中用来称对方对自己的行动。如俯察：称对方或上级对自己理解；俯就：用于请对方同意担任职务；俯念：称对方或上级体念；俯允：称对方或上级允许。

“华”字一族。称对方的有关事物。如华诞：称对方生日；华堂：称对方的房屋；华翰：称对方的书信；华宗：称呼同姓。

“老”字一族。用来尊称别人，有时特指老年人。如老伯、老大爷、老太爷：可尊称老年男子；老前辈：尊称同行里年纪较大、资格较老、经验较丰富的人；老兄：尊称男性朋友；老总：尊称领导（多和姓连用）。

“叨”字一族。如叨光（受到好处，表示感谢）：沾光；叨教（受到指教，表示感谢）：领教；叨扰（受到款待，表示感谢）：打扰。

“雅”字一族。用于称对方的情意或举动。如雅教：称对方的指教；雅意：称对方的情意或意见；雅正（把自己的诗文书画等送给人时）：指正批评。

“玉”字一族。用于对方身体或行动。如玉体：称对方身体；玉音（多用于书信）：尊称对方的书信、言辞；玉照：称对方的照片；玉成：成全。

“芳”字一族。用于对方或与对方有关的事物。如芳邻：称对方的邻居；芳龄（多用于年轻女子）：称对方的年龄；芳名（多用于年轻女子）：称对方的名字。

“贤”字一族。用于平辈或晚辈。如贤弟：称自己的弟弟或比自己年龄小的男性；贤侄：称侄子。

此外还有：

鼎力（用于请托或感谢）：大力；足下：称对方；包涵：请人原谅；斧正：请人改文章；留步（用于主人送客时客人请主人不要送）：止步；笑纳（用于请对方收下礼物）：请接纳收下；府上：称对方房屋；指正（用于请人批评自己的作品或意见）：指出错误，使之改正；赐教：给予指教；久仰（多用于初次见面）：仰慕已久；璧还：归还物品；教躬违和：老师身体不好。

谦辞辑录

谦辞是表示谦虚的言辞，是人们日常交际和书信往来中经常用到的。

“家”字一族。用于对别人称自己的辈分高或年纪大的亲戚。如家父、家尊、家严、家君：称父亲；家母、家慈：称母亲；家兄：称兄长；家姐：称姐姐；家叔：称叔叔。

“舍”字一族。用于对别人称自己的辈分低或年纪小的亲戚。如舍弟：称弟弟；舍妹：称妹妹；舍侄：称侄子；舍亲：称亲戚。

“小”字一族。谦称自己或与自己有关的人或事物。如小弟：男性在朋友或熟人之间谦称自己；小儿：谦称自己的儿子；小女：谦称自己的女儿；小人：地位低的人自称；小生（多见于早期白话）：青年读书人自称；小可（多见于早期白话）：谦称自己；小店：谦称自己的商店。

“老”字一族。用于谦称自己或与自己有关的事物。如老粗：谦称自己没有文化；老朽：老年人谦称自己；老脸：年老人指自己的面子；老身：老年妇女谦称自己。

“敢”字一族。表示冒昧地请求别人。如敢问：用于问对方问题；敢请：用于请求对方做某事；敢烦：用于麻烦对方做某事。

“愚”字一族。用于自称的谦称。如愚兄：向比自己年轻的人称自己；愚见：称自己的见解。也可单独用“愚”谦称自己。

“拙”字一族。用于对别人称自己的东西。如拙笔：谦称自己的文字或书画；拙著、拙作：谦称自己的文章；拙见：谦称自己的见解。

“敝”字一族。用于谦称自己或跟自己有关的事物。如敝人：谦称自己；敝姓：谦称自己的姓；敝处：谦称自己的房屋、处所；敝校：谦称自己所在的学校。

“鄙”字一族。用于谦称自己或跟自己有关的事物。如鄙人：谦称自己；鄙意：谦称自己的意见；鄙见：谦称自己的见解。

另外还有：

寒舍：谦称自己的家；犬子：称自己的儿子；笨鸟先飞：表示自己能力差，恐怕落后，比别人先行一步；抛砖引玉：谦称用自己粗浅的、不成熟的意见引出别人高明的、成熟的意见；等等。

常见谦辞敬语顺口溜

求人办事说拜托，请改文章说斧正。
向人祝贺说恭喜，老人年龄说高寿。
看望别人说拜访，送礼给人说笑纳。
送人照片说惠存，欢迎购买说惠顾。
希望照顾说关照，赞人见解说高见。
归还物品说奉还，请人赴约说赏光。
对方来信说惠书，自己住所说寒舍。
请人谅解说包涵，宾客来到说光临。
等候别人说恭候，未及迎接说失迎。
请人勿送说留步，请人决定说钧裁。

交谈中拉近感情距离的三种方法

感情距离是人们交谈成败的重要因素。感情距离近，人们的交谈就容易顺利展开，取得良好效果。感情距离远，交谈的效果会打折扣，甚至谈不拢，不欢而散。交谈时怎样才能拉近双方感情距离呢？

一、得体称呼表善意

称呼往往发生在一个交际活动的最初阶段，是交际的先锋官，是人际关系的温度计。在交谈时，称呼不但要正确，而且要选择正确反映双方身份和关系、对方乐意接受的称呼。得体地称呼交谈对象是缩短双方心理距离的第一步。有了这一步，后面的交谈活动才能顺利进行。如果称呼不得体，就会引起交际对象的不良心理反应，给交谈带来消极影响。在选择称呼时，要考虑多方面的因素，交际双方的长幼、尊卑、亲疏等关系，交际的目的、时间、场合等条件。

二、巧用寒暄造气氛

寒暄是人们在社会交往中初见时嘘寒问暖的话语，是人们交谈的开始，是为正式交谈所作的一种感情铺垫。恰当的寒暄问候可以为后面的交谈营造一种良好的氛围。

寒暄语有两种功能：一是表示问候，如“你好”“你早”“别来无恙”等；二是表示敬慕，如“李先生，久闻大名”“见到您，不胜荣幸”等。寒暄语体现了人的亲近要求，在交谈中起到拉近感情距离的作用。

三、寻求相似缩距离

人际间有相似因素，也就是人与人之间的相似点。社会心理学研究表明，人们都乐于同与自己有相似点的人交往、谈话。相似因素的功能在于缩短彼此的心理距离，产生相同、相近的情绪体验，从而产生亲切感。交谈时，发现并利用相似因素是缩短双方心理距离，使交谈成功的有效途径。

可以利用的相似因素很多，包括年龄、学历、兴趣、爱好、性格、容貌等个人因素，也包括种族、民族、籍贯、阶层、行业、工种等社会因素。客居异乡，交谈中一旦找到了同乡的关系，双方倍感亲切，会缩短彼此的心理距离，成为交往的纽带、友谊的桥梁。相似的经历也会使人产生相同或相近的切身感受，容易相互理解，产生亲切感，如“你是大连人，哟，我们是同乡”“你也是那里毕业的，我们是校友啊”等。

美国“酒店大王”希尔顿的微笑服务

当有人探询希尔顿酒店创始人唐拉德·希尔顿成功的秘诀时，他微笑着说：“经营微笑。”

希尔顿于1919年把父亲留给他的12 000美元连同自己挣来的几千元用来投资，开始了他雄心勃勃的酒店经营生涯。当他的资产从1 500美元奇迹般地增值到几千万美元的时候，他欣喜而自豪地把这一成就告诉母亲，母亲却淡然地说：“依我看，你跟以前根本没有什么两样。你必须把握比5 100万美元更值钱的东西：除了对顾客诚实之外，还要想办法使来希尔顿酒店的人住过了还想再来住，你要想出这样一种简单、容易、不花本钱而行之久远的办法去吸引顾客。这样你的酒店才有前途。”

母亲的忠告使希尔顿陷入迷惘：究竟什么办法才具备母亲指出的“简单、容易、不花本钱而行之久远”这四大条件呢？他冥思苦想，不得其解。于是他逛商店、住旅店，以一个顾客的亲身感受得出了准确的答案——微笑服务。只有微笑才实实在在地同时具备母亲提出的四大条件。从此，希尔顿实行了微笑服务这一独创的经营策略。每天他对服务员的第一句话是：“你对顾客微笑了没有？”他要求每个员工不论如何辛苦，都要对顾客投以微笑，即使在旅店业务受到经济萧条的严重影响的时候，他也经常提醒职工记住：“万万不可把我们心里的愁云摆在脸上，无论旅馆本身遭受的困难如何，希尔顿旅馆服务员脸上的微笑永远是属于旅客的阳光。”

为了满足顾客的要求，希尔顿“帝国”除了到处都充满着微笑外，在组织结构上，希尔顿尽力创造一个尽可能完整的系统，打造一个综合性的服务机构。因此，希尔顿酒店除了提供完善的食宿外，还设有咖啡厅、会议室、宴会厅、游泳池、购物中心、银行、邮电局、花店、服装店、航空公司代理处、旅行社、出租汽车站等一套完整的服务机构和设施，让到希尔顿酒店住宿的旅客，真正有一种宾至如归的感觉。当他再一次问他的员工们“你认为还需要添置什么”时，员工们回答不出来，他笑了：“还有一流的微笑！如果是我，单有一流设备，没有一流服务，我宁愿弃之而去，住进虽然地毯陈旧，却处处可见到微笑的旅馆。”

微笑是一种天然资源，它给人留下的是宽厚、谦和、亲切的印象，表达出的是对顾客的理解、关爱和尊重。

微笑不需要投资，但微笑的价值是无限的，微笑可以增加利润，微笑更能创造成功和奇迹。

聚会上不孤单

不知道你是否有过这样的“恐怖”经历：在人声鼎沸的聚会上，大家欢声笑语，推杯换盏，可只有你独坐一角，仿佛已被大家遗忘。在别人眼里，你一定是呆头呆脑、一脸失落，脑门上恨不得写上几个大字——找我聊天！

我的一位朋友叫萨米，他有一个奇怪的点子，能成功地治疗上述“人群孤独”综合征。

有一次一家公司请我参加周年庆典活动，而且允许我带个朋友一同参加，我邀请了萨米。我事先已经告诉他会场上都是生面孔，他倒觉得无所谓，对我说："行啦，只要有你，有食品和啤酒，我就能自得其乐了。"

等他赶到活动现场时，晚会正进行得如火如荼。看见萨米走进来，我便远远地点头示意他过来。他轻松地穿过人群，还不时地跟别人挥挥手，露出很开心的笑容。

等他来到我身边时，我简直像是看到了天外来客一样吃惊："萨米，没想到你在这儿认识的人还真不少啊！"

他耸耸肩说："我一个都不认识。"

"啊？那你刚才……"

"哦，你是说我跟人挥手致意是吧？那是我调动气氛的方法。"

"你不是在跟陌生人招手吧？这也太疯狂了吧！"

"呵呵，才不会！"他补充道，"我只要挥挥手，笑一笑，就能感到充满自信。再说，我招手示意的对象根本就不存在。我只是朝着人群挥手，反正也没人能看出来。大家还以为我是在跟他们身后或旁边的某个人打招呼。"

随后的事让我更为惊讶，有几个看到萨米挥手的人居然真被他吸引过来了，还有些希望在活动中结交新朋友的人也纷纷聚拢过来。

参加聚会时，如果你一个人也不认识，别慌，千万别愣在门口，露出一副无助的表情："天啊，怎么办？"也不要因为谁也没看见，悄悄地溜进房间一角——那是根本没用的。你应该径直走向人群，兴奋地朝并不存在的目标或是房间另一头的某人挥手致意。这个动作会让你看起来跟每个人都很熟，而且充满自信，而实际上的确也能让你感觉良好。

第二节　介　　绍

一般来说，介绍有自我介绍和居间介绍两种。无论是自我介绍还是居间介绍，都应镇定自若、落落大方、音量适中、口齿清晰、语速适当；介绍的内容要实事求是、准确得体，不要言过其实。

一、自我介绍

自我介绍，在一般情况下就是把自己的情况如姓名、身份、职业、特长等，介绍给陌生的交际对象，使对方了解自己。

人们初次见面，都会产生一种想了解对方的好奇心理，及时简明地进行自我介绍，可满足对方的这种需求，对方也会以礼相待，做自我介绍，为进一步交往建立良好的基础。

（一）自我介绍的内容

在一般社交活动中，自我介绍的基本内容有：姓名、职务、工作单位、住所、籍贯、出生地、毕业学校、所学专业、兴趣爱好、性格特点等。介绍的详略视具体情况而定，一般而言，以联系业务为目的或纯礼仪性的自我介绍应简单些，以自荐或交友为目的的自我介绍应详细些。

（二）自我介绍的时机

1. 应试求学时，应向主考官进行自我介绍。
2. 参加各种比赛时，可向观众、评委做自我介绍。
3. 代他人接听电话时，应做自我介绍。
4. 第一次登门拜访，事先打电话预约，在电话里应自我介绍。
5. 应聘求职时应先做自我介绍。
6. 因业务关系需要相互认识进行接洽时可自我介绍。
7. 初次前往他人住所、办公室时，要自我介绍。
8. 在出差、旅行途中，需要与他人建立临时接触时，可适当自我介绍。
9. 大型聚会时，与不相识的与会者或同席的人应相互进行自我介绍。

（三）自我介绍的礼仪

在进行自我介绍时，应先向对方点头致意，得到对方回应后再向对方介绍自己的姓名和身份，可同时递上自己的名片。自我介绍时，表情要自然亲切，注视对方，举止沉稳，大方自信，表现出希望认识对方的热情。

（四）自我介绍的语言技巧

自我介绍的目的是要给人留下良好的、难以忘却的第一印象，因此，必须讲究语言技巧。

1. 巧报姓名

自我介绍首先要自报姓名。为了使对方听清并记住自己的姓名，可以利用诗文、歌词、广告语、成语、谚语、谐音等对自己的“姓”和“名”加以注释，注释得越巧，人们得到的印象就越深刻。

如在新生见面会上，可以巧妙地解释自己的名字：

“我叫孙晨奥，大家不妨这样来记我的名字——孙悟空在早晨打败了奥特曼。”

“我喜欢这样一句汽车广告语：‘愿你的旅程非同凡响，去驾驭你那完美的旅程吧！’大家好，我叫吕呈，双口‘吕’，呈现的‘呈’，我希望自己不断努力创造完美的人生旅程。”

“我是黄铮，我是铮铮铁骨的炎黄子孙。”

“我是‘诗情画意，海涵地负’的鲍诗涵！”

“我叫贾宇轩，贾是西贝贾，气宇轩昂就是我。”

“我叫蒋炎，倒过来叫就是‘演讲’，希望大家在演讲的时候想起我。”

“我叫桑红平，祝愿大家的生活红红火火、平平安安。”

“志向高远，追求卓越，大家好，我是高卓。”

“一身正气，皓月当空。大家好，我叫孙正皓，一个真诚正直的阳光男生。”

2. 把握分寸

自我介绍应自信、自谦，要充满信心和勇气，显得胸有成竹、不慌不忙，不要因胆怯而临场发挥失常。对自己的长处要自信地加以肯定，对自己的不足也要客观介绍。在肯定自己的长处时，要留有余地，不要谈得太“满”，不宜用“很”“极”等字眼，以免给人留下“狂妄自大”的感觉。

3. 独具创意

自我介绍时应突出重点，突出自己的个性，给人留下深刻的印象。可以独辟蹊径，选择既顺口自然又使对方感到意外的内容，如可以当场展示自己能歌善舞的才华，展示不错的书法作品，演奏自己拿手的曲目等。

某歌手在参加娱乐节目时，首先来了一段吉他弹唱：“我们一起来到这个舞台上，要实现自己的梦想。想唱就唱，唱得响亮，我相信自己最闪亮”，然后自我介绍：“大家好，我是快乐的×××，我和我的吉他带给你我的快乐。”这样富有创意、生动活泼的自我介绍给观众留下了深刻的印象。

4. 幽默生动

2009 年，在“金话筒”全国主持人大联欢上，当主持人介绍完来自上海东方卫视的主持人曹可凡和王冠后，两位主持人有这样一段对话。

曹可凡：“非常高兴今天来到北京电视台和朋友们一起参加这样一个非常有意义的活动，我们做个自我介绍吧。我呀，是上海分量最重的主持人。”

王冠：“我就是上海分量最轻的主持人。”

曹可凡：“我们俩站在一块儿正好是一个俗语。”

王冠：“什么俗语啊？”

曹可凡：“叫重男轻女。”台下笑声一片。

幽默生动的自我介绍让别人感到亲切，易于赢得他人的好感甚至喜爱，可营造和谐愉悦的人际交往气氛。

中国台湾艺人凌峰在中央电视台举办的春节联欢会上介绍自己说：“我就是光头凌峰，我是以丑出名的，中华五千年的沧桑和苦难都在我的脸上。”话音一落，台下掌声、欢呼声响成一片。

凌峰的自我介绍之所以产生这样轰动的效果，是因为他抓住了自己的形象特征，并把它加以夸大，既风趣幽默，又出人意料，给人留下深刻的印象。

相声演员姜昆出访美国时，有一天到某公司拜访一位名叫凯文的美国青年。一位小伙子打开门，在明白姜昆的来意后，转身朝着办公室喊道：“凯文，凯文！”数秒钟后，他突然一拍脑袋，冲着姜昆嘿嘿一笑，恍然大悟似的握住姜昆的手说：“不好意思，我忘了，我就是凯文。你好，你好！”

这一幽默风趣的自我介绍方式把有些拘束的姜昆逗乐了，两人一见如故，轻松自如地交谈起来。

自我介绍要力求简洁，尽可能地节省时间，所用时间以半分钟左右为佳，如无特殊情况，最好不要长于一分钟。为了节省时间，自我介绍时，还可利用名片等。

进行自我介绍应选择对方有兴趣、有空闲、情绪好、干扰少、有要求时。

课堂训练

1. 请上台进行巧报姓名练习，要求注意站姿、坐姿、步姿和服饰的礼仪，做到声音响亮、语言流畅、简洁生动。

2. 你想利用寒暑假和周末到快餐店打工，请你在面试时进行恰当的自我介绍。

二、居间介绍

（一）居间介绍的内容

居间介绍是介绍者站在第三者的立场，使被介绍双方相互认识并建立关系的一种交际活动。在居间介绍中，介绍者既要起到桥梁的作用，促进双方关系的建立，又要兼顾自己同双方的关系。

（二）居间介绍的顺序

交际礼仪中进行居间介绍应遵循“尊者有优先知情权”的原则。居间介绍的顺序是：将晚辈介绍给长辈，将年轻者介绍给年长者，将学生介绍给老师，将未婚者介绍给已婚者，将男士介绍给女士，将家人介绍给同事、朋友，将晚到者介绍给先到者，将职位低的介绍给职位高的。

居间介绍

介绍多人一般是指被介绍一方或双方有多人，可按由近及远的顺序依次介绍。介绍专家、学者、领导时，只需把他介绍给全体人员即可。若是把夫妻二人介绍给他人时，一般情况下，先把丈夫介绍给对方，然后再介绍妻子。两个群体之间的介绍，因为人数较多，一般只介绍带队人和职务高者。若是将一个人介绍给很多人，应先把这个人的姓名、职业等详细资料介绍给多数人，然后再依照一定的顺序把多数人一一介绍给这个人。

做居间介绍应对被介绍的对象有较为全面的了解，介绍时突出其特点。要选择双方都感兴趣的内容或双方共同的爱好、特长进行介绍，以引起注意，从而促使双方结识。

（三）居间介绍的礼仪

介绍人应注视对方，面带微笑，用语得体，用手掌示意。被介绍的双方应起立，注视对方，认真倾听，一般不要插言。听完介绍后可微笑应答、问候。可以说："您好！早就听过您的大名了，只是无缘相识。今后还请多多指教！"

（四）居间介绍的语言技巧

1. 直接陈述，简洁明了

进行居间介绍时，要用三言两语概括出被介绍人的基本情况。如"各位，我来给大家介绍一下，这位是市电视台的刘小兰记者，今天是专程来采访报道的。刘记者，这位是公司的王总经理，这位是李主任，这几位都是我们公司的员工代表。"

2. 生动形象，引人注意

一次，某高校邀请话剧《光绪政变记》中慈禧太后的扮演者郑毓芝来演讲。主持人是这样介绍她的："同学们，今天，我们好不容易把'老佛爷慈禧太后'请来了。'老佛爷'郑毓芝老师在戏台上盛气凌人，皇帝、太监、大臣见了都诺诺连声，磕头下跪，在台下却和蔼可亲、热情诚恳。刚才她和我谈起，她还曾扮演过话剧《秦王李世民》中的贵妃娘娘，话剧《孙中山与宋庆龄》中的宋庆龄。她是怎样把这些截然不同的人物演得栩栩如生的呢？下面就请她上台演讲。"

主持人的这番介绍先是直截了当、风趣幽默地告诉同学们即将演讲的嘉宾是演员郑毓芝，接着热情洋溢地把郑毓芝本人和她演的角色作对比，突出了她的个性特点，又简明扼要地点明了她演讲的主要内容，可谓是生动得体、收放自如，深深地吸引了听众。

3. 征询引见，有节有礼

居间介绍时，应征得双方同意后再引见，以显示对双方的尊重，使人产生亲切感，易于被双方接受。介绍别人时可先打个招呼："请允许我介绍你们认识一下。""我介绍你们认识一个人好不好？"这样双方都有准备，不会感到突兀。

无论是自我介绍，还是居间介绍，都应做到音量适中、口齿清晰、语速适当、镇定自如、落落大方。

课堂训练

你的母亲来参加班级家长会，请你为你的母亲和你的班主任作居间介绍。注意介绍时的顺序，注意站姿、坐姿和步姿的礼仪。

练习

1. 自我介绍的内容有哪些？自我介绍有哪些语言技巧？
2. 居间介绍的顺序是什么？居间介绍应遵循哪些礼仪？

相关链接

30 秒的"口头名片"

自我介绍好比是"30 秒的口头名片"，它是向别人展示你自己的一个有效手段，直接关系到你给别人第一印象的好坏及以后交往的顺利与否。30 秒的自我介绍，犹如商品广告，要在短时间内将自己最美好的一面毫无保留地表现出来，并给对方留下深刻印象。所以它最忌平淡无奇，不能把个人的特点展示出来，同时也忌讳简历形式，缺少文学色彩。若注意到以下几个方面，能使自我介绍恰到好处、不失分寸。

一、注意时间，短小精悍

在进行自我介绍时要注意时间，一定要力求简洁。虽说各种形式的自我介绍所用的时间长度不可笼统地等量齐观，但总的原则，还是所用时间越短越好，以半分钟左右为佳，如无特殊情况最好不要长于一分钟。

二、扬长补短，自信满满

自我介绍若想一语中的，首先必须认清自己的优势和长处，最理想的就是能够客观、全面地展示自己。自己的不足或有待改进的地方，可以通过适当的方式委婉表达。

在进行自我介绍时，还要充满信心和勇气。千万不要妄自菲薄、心怀怯意。应敢于正视对方的双眼，显得胸有成竹、不慌不忙。这样做，将有助于自我放松，并使对方对自己产生好感。

三、风趣诙谐，巧妙灵动

确定自我介绍的具体内容，应兼顾实际需要、所处场景，并应具有鲜明的针对性，切不可千人一面、一概而论。幽默风趣的自我介绍容易引起别人的认同和悦纳，更能够拉近彼此之间的距离，增强个人的亲和力和感染力。风趣诙谐的前提是分寸恰当，谑而不虐，注意适当的时机和场合，不给别人和自己造成尴尬与困惑。

四、形神兼备，声形俱佳

不管自我介绍的内容如何精彩绝伦，都需要美丽的包装。所以在自我介绍中，必须留意自己在各方面的表现，尤其是声线。切忌以背诵朗读的口吻介绍自己，语气要自然，语速要正常，语音要清晰，最好事前找些朋友做练习对象，尽量令声线听起来自然流畅、充满自信。身体语言也是重要的一环，尤其是眼神接触，恰当的眼神交流不但令听众专心，也可表现自信。

第四章　拜访与接待

在日常人际交往中，拜访与接待是两种常见的形式，可以让人们达到相互了解、沟通信息、加深感情的目的。

第一节　拜　　访

拜访是为了礼仪或某种特定目的进行的访问、会晤，其基本原则是客随主便。当我们拜访他人时，要讲究拜访的礼仪，掌握拜访的语言技巧，时时处处体现对拜访对象的尊重，营造和谐愉快的交往氛围，达到拜访的目的。

一天上午，有一家公司同时来了两位客户，他们分别是两家化妆品公司的销售人员。第一位销售人员无论是自我介绍还是递接名片，都显得彬彬有礼，而且穿着打扮和言谈举止都显得很有涵养。第二位销售人员在接公司主管的名片时，只是扫了一眼，就顺手把名片放进了上衣口袋里，而且这位销售人员穿着随便，言谈举止比较粗俗。最终，这家公司和第一位销售人员签订了销售合同。这家公司主管后来解释说："第二位销售人员缺乏礼仪修养，给人一种不可信的感觉，由此我对其产品和售后服务产生了怀疑。第一位销售人员则给我留下了很好的印象，我对其产品和售后服务有信心。尽管我知道，第一位销售人员的产品并不比第二位销售人员的产品质量好，但我最终还是选择了第一位销售人员的产品。我想，这是因为他有良好的商务礼仪修养的缘故。"

一、拜访的礼仪

（一）拜访前

拜访前要选择适当的时机，清晨、吃饭、午休、深夜均不宜登门拜访。拜访应有约在先，最好选拜访对象心情好时去拜访。要约定到达的时间、逗留的时间，约定拜访的人数、人员、地点、谈论主题，并如约而至。若临时有事不能如约而至，要提前打电话取消约定并向对方道歉。

拜访前要备妥需带的资料或礼物，准备好名片，整理好服饰，仪表应整洁大方，穿着不要太随便。快到约定地点前可以提前几分钟打个电话，让对方有准备迎客的时间。

（二）进门前

要调节情绪，进门热情问候、寒暄，话语有较浓的情绪色彩。若没有预约，见面应先说："真抱歉，没打招呼冒昧来访，打扰您了。"到他人家中拜访，入室前要在门垫上把鞋子蹭干净。若需要换穿拖鞋的应在门口就换好，不要穿不洁或带有破洞的袜子。雨雪天应把雨具放在门外或前厅，最好用塑料袋装好，以免将雨水、雪水、泥巴等带入室内。

（三）进门后

1. 主动开口

交谈中，要主动开口，让对方了解拜访目的。

2. 叙事清晰

交谈时要条理清晰，准确、有分寸地叙述，适时感谢受访者的接待。

3. 举止得体

不要乱脱、乱扔衣服，不要翻动受访者的书信、报刊和工艺品，不要在拜访地乱走乱串。若受访者请你参观拜访地或种植的花草，应欣然接受并表示赞许。

4. 彬彬有礼

在拜访地见到长辈，要恭敬地起立问候；对于晚到的客人，要起立迎接；其他客人告辞时，要起立相送。

5. 交谈得体

交谈中注意认真倾听。说话时应注意音量，切忌高谈阔论、大声喧哗、手舞足蹈或频繁走动等。

6. 礼让后客

遇到另有来客，应前客让后客。稍坐一会后起身告辞："对不起，我有点事。你们谈吧，我先走一步了。"但不能别的客人一到，自己随即离开，这是极为失礼的。

7. 兼顾他人

如果是多人拜访，不抢着说话，要让大家都有机会交谈，谈话时避免争论。

（四）告辞时

告辞时要态度明确，不要"告辞"说了几遍，人还迟迟不动。出门后应请受访者留步，对受访者的款待表示感谢，可邀请受访者择时回访。

二、拜访的语言技巧

不同形式、不同目的的拜访，会话语言各不相同，但它们在结构上存在着共性。拜访语一般包括进门语、寒暄语、晤谈语和辞别语四部分。

（一）进门语

进门前要先轻轻敲门，或按一下门铃，即使门开着，也应很有礼貌地敲门询问，如："请问，某某在家吗？"或"请问，屋里有人吗？"听到回答后再进入。同受访者见面后，应立即打招呼，打招呼的内容应根据拜访的形式和内容（初访、再访或回访）而定。

（二）寒暄语

在拜访中，宾主坐定后的寒暄语，应注意以下几方面：

1. 话题应自然引出，可因人因物而异。

2. 寒暄内容一定要符合情境，不能随心所欲、信口开河。

某天，A 公司郑经理到 B 公司考察，对接待自己的王经理和她的助理小陆微笑道："你俩真像母女俩啊。"王经理心想："虽然我 40 多岁，但也不至于大小陆那么多吧。"王经理心生不快，小陆也感到尴尬。这样的寒暄难免影响拜访的进行。

寒暄语不要涉及隐私：不问年龄、不问婚姻、不问收入、不问家庭住址等。

寒暄语不要提及以下话题：一是生理缺陷，在寒暄中应该尽量回避，尤其是初次拜访时；二是失意经历，不是当事人主动提起，绝不可贸然发问；三是风俗禁忌，十里不同风，百里不同俗，不懂的风俗习惯不要随意评论。

3. 寻找共同点，建立认同心理。应寻找双方感兴趣或有共同感受的话题。

（三）晤谈语

晤谈时应注意：

1. 节制内容

主客寒暄之后，拜访者应选择适当的时间，言简意赅地说明自己的来意，以免耽误受访者过多的时间。谈得太多，既可能影响拜访主旨的表达，又可能出现言多语失的情况，最终影响拜访的效果。

2. 节制音量

登门拜访时，切忌大声喧哗引起受访者的反感。

3. 节制体态语

拜访时应举止文明，避免得意时手舞足蹈，不安时频繁走动，痛苦时捶胸顿足，说话时指手画脚等。

（四）辞别语

1. 同进门语保持一致

如礼节性拜访，进门语："上次承蒙您帮忙，给您添了很多麻烦，今天特地前来拜谢。"在辞别时可说："再见，再次衷心感谢您的帮忙。"又如进门语："初次登门，劳驾您久等，真不好意思。"辞别时，客人可以说："今天初次拜访，十分感谢您为我花了这么多时间。"

2. 表示感谢，请受访者留步

拜访者在辞别时，应对受访者的热情款待表示感谢，并请受访者留步。如："这件事就拜托您了，谢谢，再见！""十分感谢您的盛情款待，请留步，再见！""就送到这里，您请回吧！"

3. 邀请受访者回访

拜访者告辞时，还可以邀请受访者及其家属回访。如："告辞了，欢迎您来我公司会晤！”“欢迎您携全家来寒舍小聚。”但要注意，邀请要顺势而为，不可勉强对方。

课堂训练

1. 你从招聘网站得知某公司招聘学生利用课余做兼职工，于是前往应聘。请设计你拜访该公司人事王经理时的进门语。

2. 两人一组，进行情景再现：星期天，你应邀到好友小雨家玩，请设计你们的寒暄语。

3. 阅读以下案例，说一说是什么原因使这些同学失去机会？这些同学有哪些行为不合礼仪？

老师带领学生前往一家公司参观，总经理是该老师的大学同学。总经理亲自接待，非常客气。学生们在有空调的大会议室坐着，工作人员为每位同学倒水，同学们大多坦然接受服务。当总经理临时出去办完事情回来后，不断向学生表示歉意，没人应声。当工作人员送来笔记本，总经理双手赠送给学生时，学生们大都伸着手随意接过。拜访中，有一位同学起身双手接过工作人员递过来的茶和总经理递来的笔记本并客气地说：“谢谢！”最后，这位同学收到了这家公司的面试通知。

有的同学很疑惑甚至不服：“他的成绩并没有我好，凭什么让他去而不让我去？”老师叹气说：“我给你们创造了机会，是你们自己失去了。”

练习

1. 拜访他人的原则是什么？拜访他人应做好哪些准备工作？

2. 日常拜访语包括哪四部分？

相关链接

进出房间的礼仪

一、进出老师办公室的礼仪

1. 门外站立，喊“报告”，若门是关着的，则应轻轻敲门。

2. 得到允许后方可进入。

3. 向室内人员问好后，走到老师身旁约一米处，轻声对话。

4. 经过老师允许后，向老师行鞠躬礼告别，并后退两步转身离去。若还有其他老师在场，应向其他老师轻轻道别再离开。

5. 随手将门轻轻关好。

二、进出领导办公室的礼仪

1. 门外站立，轻轻敲门，若门是开着的，也应敲门。

2. 得到允许后方可入内。

3. 走到领导桌前约一米处，轻声对话。若室内有其他人员在，应微笑着轻声打招呼。

4. 离去时应告别，后退两步再转身离开。

5. 随手将门轻轻关好。

三、进出亲朋好友的房间

1. 门外站立，轻轻敲门或按门铃。

2. 经主人开门引导后方可入内，若室内有其他人在，应微笑着一一打招呼。

3. 随主人进入指定的房间。

4. 应主动告辞离去，并请主人留步。

学会倾听，是对别人最好的尊敬

生活中，最有魅力的人一定是善于倾听的人，而不是滔滔不绝、喋喋不休的人。倾听是对别人最好的尊敬。专心地听别人讲话，是你所能给予别人的最有效，也是最好的赞美。不管说话者是上司、下属、亲人、朋友，或者是其他人，倾听的功效都是同样的。人们总是更关注自己的问题和兴趣，同样，如果有人愿意听你谈论自己，你也会马上有一种被重视的感觉。注意倾听别人讲话的人总是会给人留下良好的印象。在小说《傲慢与偏见》中，丽莘在一次茶会上专注地听着一位刚刚从非洲旅行回来的男士讲非洲的所见所闻，几乎没有说什么话，但分手时那位绅士却对别人说，丽莘是个多么擅长言谈的姑娘啊！这就是倾听别人说话的效果。它能让你更快地交到朋友，赢得别人的欣赏。

当然，倾听不仅仅是保持沉默，用耳朵听听而已。真正的倾听，是要用心去感受、用眼睛去看、用耳朵去听。以下是交往中要掌握的倾听的技巧：

一、要有良好的精神状态

如果沟通的一方萎靡不振，是不会取得良好的倾听效果的，它只能使沟通质量大打折扣。要努力保持良好的精神状态，使大脑处于兴奋状态，这是提高倾听质量的重要前提。

二、及时用动作和表情给予呼应

谈话时，应善于运用自己的姿态、表情、插入语和感叹词。例如，微笑、点头等都会使谈话更加融洽。

三、使用开放性动作

开放性动作是一种信息传递方式，代表着接受、容纳、兴趣与信任。这会让说话者感到你已经做好准备积极适应他的思路，理解他所说的话，并给予及时的回应。它传达给他人的是一种肯定、信任、关心乃至鼓励的信息。

四、必要的沉默

沉默是人际交往中的一种手段，它看似是一种静止状态，实际蕴含着丰富的信息，运用得当，可以达到“无声胜有声”的效果。但沉默一定要运用得体，不可不分场合、故作高深而滥用沉默。而且，沉默一定要与语言相辅相成，才能获得最佳的效果。

五、适时适度地提问

适时适度地提出问题是一种倾听的好方法，它能够给讲话者以鼓励，有助于双方的相互沟通。可在倾听时适时进行简单的提问，如“是吗”“然后呢”“还有吗”，以引导对方。

六、要有耐心

不要在别人没有表达完自己的意思时，随意地打断别人的话语。当对方说话内容很多，或者由于情绪激动等原因，语言表达有些零散甚至混乱时，听者可适当总结或宽慰，帮助讲话方完成叙述。

耐心倾听是难能可贵的。不管是在日常的人际交往中，还是在职业场合里，都要学会做一个有耐心的听众，并且把你对说者的尊重和诚意表现在脸上，你将会有意想不到的收获。

交际中怎样尽快赢得他人的好感

1981 年 1 月，钟南山已在美国一家大医院进修了 3 个多月，取得了一些阶段性研究成果。为了解国外先进的医学临床技术及最新情况，他很希望到罗伯特教授主持的非常著名的一家临床医院去看一看，如果能跟着他一起查查病房更好。经过艰难的预约，罗伯特教授同意见见，但只答应给钟南山 10 分钟时间。

在去罗伯特办公室的路上，钟南山突然想起一件事，此前自己曾在图书馆里读过罗伯特教授的《医学生的伴侣》一书，他决定从这本书上找突破口。他如约进了教授办公室，罗伯特教授头也不抬，一边摆弄着手中的钢笔，一边再一次提醒钟南山说，预约的时间只有 10 分钟。钟南山没有客套，他直接说：“我读过您的一本书——

《医学生的伴侣》，觉得它很有意思。”罗伯特放下了手中的笔，抬头望了一眼钟南山，有些怀疑地问：“你真的读过我的这本小册子？”钟南山做了肯定的回答，然后对书中一些主要观点进行了简要评述。

医学专家钟南山

听了他的评述，教授一下子兴奋起来，对他产生了很大的兴趣，丢下了手中的笔，摆出了一副长谈的架势。钟南山见此情景，很及时地问了一句：“我们不是只有10分钟吗？”罗伯特忙摇头：“不，不，不受限制！”两人从预约的11点一直谈到12点15分，而后，罗伯特又应钟南山的请求，同他一起查看了病房，临别时，还把一本刚出版的精装本《医学生的伴侣》送给了他，并且在书的扉页上认真题字。

每个人都有为之自豪的事情。在交际中，如果能抓住对方在意之处，对方就会因受到重视而对你产生好感。

第二节 接　待

接待是日常工作和生活中迎接、招待来访者的一种基本交际形式，它既包括对亲朋好友的接待，也包括工作中对商务伙伴的接待。企业中的客户接待工作不仅体现了接待人员的内在修养，更展现了企业的外在形象和工作作风。周到热情的接待不仅可以给对方留下良好的第一印象，还能为将来工作的进一步发展打下良好的基础。

一、接待的准备

接待客人一定要讲究待客之道，用心做好准备工作，招待客人时要做到主随客便，努力带给客人宾至如归的感觉。

小林的姑姑在北京工作。暑假来临，小林从南方老家乘飞机到姑姑家做客。飞机很晚才抵达北京，小林又累又饿，随口说：“要是能吃到北京烤鸭就好了。”姑姑笑眯眯地说：“没问题，15分钟后，你就可以吃到香喷喷的烤鸭。”姑姑知道自己的侄子喜欢吃烤鸭，想到飞机很晚才到，小林一路上劳累自不必说，难免还会感到饥饿。这时，小林最想吃的是什么呢？既然来北京，烤鸭肯定是首选。不过，为了以防万一，姑姑还准备了小林喜欢吃的麦当劳。如此细致周到的接待，使小林十分感动。

接待客人应做好以下准备工作：

1. 做好卫生工作。接待方要注意营造整洁舒适的环境，接待人员要注意个人卫生。

2. 准备好招待客人所需的茶饮、果盘、点心等。准备这些物品时一定要注意卫生，要把杯、盘等清洗干净。

3. 如果是远道而来的客人，还要安排膳食、住宿、交通工具等。如果客人愿意自行安排，接待方要主随客便。

二、接待的礼仪

（一）接待客人要热情大方

1. 站起来接待客人。

2. 面带微笑，要用微笑温暖客人的心。

3. 与客人交谈时要停下手中的事情，不要做小动作或与他人聊天。言谈措辞要有耐心、有礼貌。要与对方有眼神交流，视线要保持在社交范围内。

社交视线是以双眼和唇部构成的倒三角形区域。眼神应亲切温和，营造一种融洽和谐的气氛，让对方感到平和舒适。

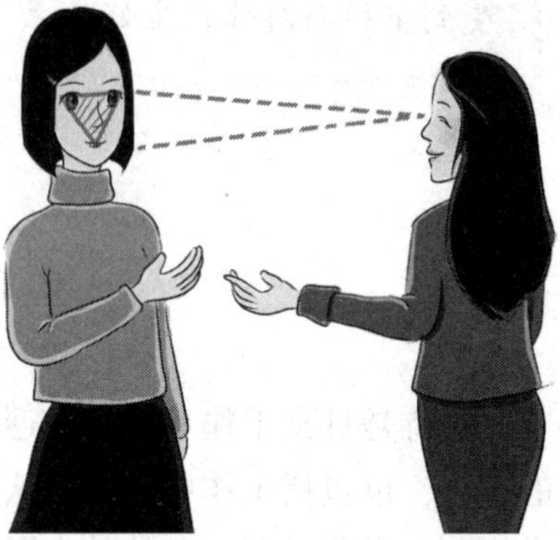
社交视线的位置

（二）接待客人要掌握基本的引导手势

引导客人的手势应掌心向上，手臂伸直，四指并拢，大拇指张开，以肘关节为轴，上体稍前倾，面带微笑，在注视目标方向的同时兼顾对方是否会意。引导客人的手势有以下几种：

1. 横摆式

横摆式是“请”的手势。伸出右手，向旁指引。例如，见到客人后上前握手说：“欢迎光临。”然后伸手示意，眼随手看：“请进！”

2. 斜摆式

斜摆式是请对方落座的手势。座位在哪儿，手指向哪儿。

3. 直臂式

直臂式是引领手势。手臂沿指引方向伸直。例如：“请上二楼。”

4. 双臂式

双臂式适用于向众多人做“请”的手势。先从腰部向右侧伸出右手，再伸出左手，顺便鞠躬。

引导客人上楼时，应让客人走在前面，把靠墙的一面让给客人。如果客人不认识路，则在客人前方一米左右带路，到拐弯处或路况不好的地方，要做出引导的手势提醒客人。引导客人下楼则应走在前面，以保护客人。

行走中与客人擦身而过，如果自己不是负责接待的人员，也应有礼地打招呼，做到人人迎宾，人人送客。在客人经过时往旁边让一下，点头示意后再说一声："您好。"

引导客人乘电梯时，门打开后自己先进去，控制好开关后请客人进来。出电梯时应控制电梯门，让客人先出电梯。在电梯里也应照顾好客人，不要背对客人或与客人面对面地站着。

引导客人进门时，应侧身用右手做手势请客人先进去。

（三）递物、接物的礼仪

递物、接物时必须用双手，表示对对方的尊重。

1. 交换名片

交换名片是建立人际关系的第一步，一般宜在与人初识时、自我介绍之后或经他人介绍之后进行。

（1）交换名片的程序

一般地位低的先向地位高的递名片，男性先向女性递名片。当交换名片不止一人时，应先将名片递给职务较高、年龄较大者。如不知职务高低和年龄大小，则可先和旁边的人交换名片。

对长辈、嘉宾或地位、声望较高的人，可以说："以后怎样才能向您请教？"对平辈和身份、地位相仿的人，可以问："今后怎么和您保持联系？"这两种说法都带有"请留下一张名片"之意，即使对方拒绝，双方也不显尴尬。

通常，不论他人以何种方式索要名片都不宜拒绝。如需拒绝，在措辞上一定要注意不伤害对方，可以说："不好意思，我忘了带名片。"或是说："非常抱歉，我的名片用完了。"

（2）递送名片的礼仪要求

递送名片时，应面带微笑，正视对方，将名片正面朝向对方，恭敬地用双手的拇指和食指捏住名片下端的两角送到对方手中。如果是坐着，应起身或欠身递送，递送时可以说"我叫××，这是我的名片"或"请多关照"。

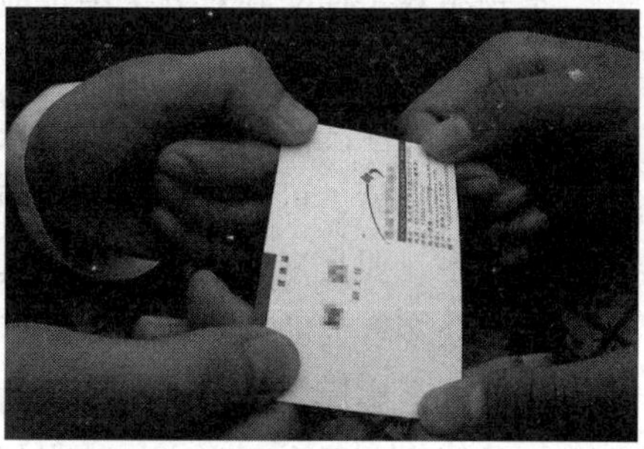

交换名片

（3）接受名片的礼仪要求

在接受他人名片时也应起身或欠身，面带微笑，双手恭敬地接过名片并说声"谢谢""能得到您的名片十分荣幸""久仰大名"等。接过名片后要仔细看一遍或有意识地读一下名片的内容，确认对方的姓名和职务，以示对对方的尊重。如果遇到难读的姓氏时，要非常客气地请教对方："对不起，您的姓氏很少见，请问如何读？"或将名字读一遍，读到不认识的字时停下来，请对方指教。随后当着对方的面郑重其事地将名片放入自己的名片盒或名片夹之中，不可随手放在桌子上或装在口袋里。

（4）名片的整理

一定要认真整理收到的名片，充分发挥名片的使用价值。可在名片的背面做备忘录，内容可以是见面的日期、场所、天气、见面目的、谈话的主题以及对方的生日、所在单位、家庭配偶、奇闻趣事等。备忘录一般是在与对方分手后再补记，如果得知对方的情况有变动，还可修订与增补新的内容。

（5）使用名片的禁忌

不要把名片当作传单随便散发。如果暂时放在桌上，切忌在名片上放其他物品，也不要漫不经心地放置一边，更不要忘记带走。不要随意拨弄他人的名片。不要在他人的名片上乱写一些有关名片主人特征的词，如“小个子、黑、胖”等。

李总与王总经中间人介绍，相聚谈一笔生意，双方的积极性都很高。李总首先拿出友好的姿态，恭敬地递上了自己的名片。王总单手把名片接过来，一眼没看就放在了茶几上，接着他拿起了茶杯喝了几口水，随手又把茶杯压在名片上。李总看在眼里，记在心里，随口谈了几句话，起身告辞。事后，他郑重地告诉中间人，这笔生意他不做了。当中间人将这个消息告诉王总时，他简直不敢相信自己的耳朵，一拍桌子说：“不可能！哪儿有见钱不赚的人?”立即打电话给李总，一定要他讲出个所以然来。李总道出了实情：“从您接名片的动作中，我看到了未来的合作还会有许多的不愉快。因此，还是早放弃的好。”听了这番话，王总放下电话，痛惜失掉了生意，更为自己的失礼感到羞愧。

2. 递送文件资料

工作中有文件资料需要领导过目签字时，应该用双手递上文件或资料，并且使文件的正面对着接物的一方，不可倒置。

3. 递送其他物品

把物品双手递交到对方手中也应体现对对方的尊重。

递笔、刀剪之类尖利的物品时，需将尖端朝向自己，握在手中，而不要指向对方。

递水果时应洗涮干净，去皮切块，放入水果盘中，摆上叉子或牙签。

客人落座后，可递送饮品。可询问客人：“您好，请问您想喝茶还是饮料?”上茶时，应注意顺序。要是来宾较多，而且差别不大，则可以进门为起点，按照顺时针方向依次上茶。招待众多客人的茶水应事先沏好，沏茶时要用茶匙舀茶叶，切忌用手抓，茶沏好后装入茶盘，送入会客厅。斟茶续水要热情主动。客人喝了几口茶后，亦应为之续上。加水动作要小心，最好将杯子拿到旁边加，在托盘里放一张纸巾或毛巾，方便擦拭。在玻璃桌上放杯子要小心轻放，把声音降到最低。

递送瓶装饮料时，要将商标朝向客人，左手托底，右手握在距瓶口 1/3 处。

接受对方恭恭敬敬递过来的物品，都应该同样用双手去接，并以适当的方式致意或道谢。

课堂训练

1. 两人一组，练习用双手递送文件，交换名片，递送钢笔、饮料以及敬茶。

2. 四人一组，进行情景再现：周末刘哲的父母有事外出了，他正在家里做作业，他妈妈的同事小李来访，刘哲热情接待了小李。小李请刘哲转告父母自己将举行婚礼的消息，并将请柬转交给他的父母。小李告辞十分钟后，刘哲的父母回到家。

三、接待的语言技巧

接待客人要热情有礼，谈话要因人而异。

（一）热情好客

接待客人要多用礼貌用语，多说“请”“请稍候”“请坐”“请喝茶”。看到来访者应立即放下手中的工作，起身迎接，可根据客人的身份使用恰当得体的称呼打招呼。

打过招呼后，应热情地请对方坐下，敬奉茶水，然后在其一侧或对面坐下，礼貌地问明来访者的来意。如果客人是第一次来访，则问明其姓名后再问明来意，注意询问方式，不可过于唐突。

在与来访者交谈时，要注意眼神交流，认真倾听，不能一边做自己的事情，一边听对方说话。

接待客人时要使用简洁明了、通俗易懂的话语，尽量不用专业术语，如：“请问有什么需要我效劳的吗？”“外面冷不冷？给您一张纸巾擦擦脸上的雨水吧。”变换不同的问候语，传递给客人温暖的关怀。

与客人寒暄时要热情得体。总公司领导到分公司检查，分公司经理负责接待。领导风尘仆仆来到，李明热情相迎。领导握住李明的手说：“李明啊，大热天给你添麻烦了。”李明随口答道：“别这么说，这两天我正好没什么事。”领导一怔，脸上露出一丝不快，心想：“这话像是说我没什么事，到这里休闲来了？”

（二）记住对方的名字

名字虽然只是一个人的代号，但人们对自己的名字还是非常重视的。在接待应酬中，接待人员如能够一见面就主动叫出来访者的名字，可以迅速缩短主客之间的距离。

有一天，已卸任的美国总统罗斯福到白宫拜访塔夫特总统，正好塔夫特总统和夫人外出了，当罗斯福看到厨房女雇员爱丽丝的时候，问她是不是还在做玉米面包。爱丽丝告诉他，现在玉米面包是给雇员吃的，楼上的人不吃这种面包。

罗斯福听了大声说：“那是他们没口福，我见到总统时，把这件事告诉他。”

爱丽丝拿了一块玉米面包给罗斯福，他边吃边向办公室走去。经过园丁、工友旁边时，和他们一一打招呼……

一个老雇员在回忆起这件往事时，含泪说：“这是我这些年来最快乐的一天，就是有人拿一百块钱来换我这一天，我也不会换的。”

罗斯福任期内日理万机，可是他连做杂务的雇员都能叫出名字，当然深受人们爱戴。

在一次宴会上，演说家卡耐基正好坐在主持人旁边，他很惊异主持人的举动。主持人对大厅里的每个人都非常好奇，不停地向周围的人询问：“穿蓝色西装的是谁？”“帽子缀满花朵的女士叫什么？”……

宴会正式开始时，卡耐基终于明白主持人为什么那么做了：主持人很机智地把刚才打听到的名字巧妙地融入了自己的讲话里，被提到名字的人脸上都露出愉快的神情。

凭这个技巧，主持人获得了大多数听众的喜爱，很快进入角色，主持得非常成功。

请记住：使用你不熟悉的人的名字时，必须准确无误、恰当地使用，并以友好的方式来提到这些名字。

（三）谈话因人而异

与老年人交谈，应注意语音稍大，语速稍慢；与孩子谈话，则应轻言细语；与文化层次高的人交谈，可文雅些；与文化层次低的人交谈，可拉家常等。

若客人带来礼物相赠，接待者可表示感谢或谢绝馈赠，也可相应回赠一些礼物，回赠的礼物应在客人告辞时送出，并说明回赠的原因。

（四）送客道别

客人要走时，接待者应等客人起身后再相送。对于年长、位尊的客人等，接待者应送至大门口，然后握手或挥手道别，目送客人离去。如果送到电梯口，则要等客人进入电梯，在电梯关门后离开。对于乘车离去的客人，接待者应走至车前，帮客人拉开车门，用手扶住车门上方以免客人的头碰到车门框，待其上车后轻轻关门，挥手道别，目送车远去后再离开。

客人走后要及时整理，保持环境整洁。

练习

1. 接待客人应做好哪些准备工作？怎样接待客人才能做到热情大方？
2. 请说出社交视线的位置。
3. 如何引导客人上下楼梯和进出电梯？
4. 互换名片应遵循怎样的程序？递接名片有何礼仪要求？
5. 如何向客人敬茶？

相关链接

女士优先

“女士优先”是从西方国家传过来的礼仪，其核心精神是：男士在社交场合要尊重妇女、照顾妇女、保护妇女。

同行的男女外出且条件不允许并行时，男士应让女士先行，但是遇到障碍和危险时，男士要积极主动地走在女士前边，为其开道，保护其安全。

在街上并行时，男士应走在女士的外侧，保护女士。

陪同女士乘坐公共汽车时，男士应当首先登车，为女士找一个座位，然后自己寻找一个靠近她的座位，如果没有则应站在她的附近，以便照顾。在车上有座的男士一般要向站在身边的女士让座。

参加社交聚会，男宾应先向女主人问好，再向男主人打招呼。女宾入室，先到达的男士应起立迎接。男士不应坐着同站立的女士交谈，与陌生的女士交谈要有分寸。

外出用餐，男士应先帮女士入座，即先将椅子从桌下拉出来，待女士入座时再轻轻把它移向餐桌，然后自己坐在女士左侧或对面。点菜时，应先把菜单递给女士，请她先点。身边的女士开始进餐后，男士才可以开始进餐。

同女士一起外出，应主动帮她拎重物，但不要要求帮她拎随身的小包，因为其中通常装着私人物品。

如果男士为女士效劳遭到再三拒绝，男士则不必勉强。女士之所以这样做，一定会有理由，执意去帮易产生误会。

第五章　赞美与批评

人们在取得成绩时需要真诚的赞美，犯了错误时需要善意的批评，赞美是鼓励，批评是督促，二者缺一不可。

第一节　赞　　美

良言一句三冬暖。人人需要赞美，人人喜欢赞美，这是渴求上进，寻求理解、支持和鼓励的表现。当我们听到真诚的赞美，明白自身的价值获得了他人和社会肯定内心往往很愉悦，有助于增强自信心。在人际交往中，懂得赞美、善于赞美的人，往往也是有同情心、有理解力、有吸引力的人。

日本专家曾做过实验：将一个班级中智商、成绩相当的同学分成两组，告诉老师第一组的同学更聪明。不知情的老师便以为第一组的同学在智商、能力等各方面真的要高于第二组，在以后的教学中便不自觉地经常表扬第一组的同学，对第二组同学的表扬则明显少于第一组。一段时间后，两组同学的成绩有了明显差距，第一组同学在各方面的表现和成绩都好于第二组。

这便是赞美的力量，它令人愉悦，能带给人们温暖和激励。

一、赞美的基本原则

赞美应发自内心，要遵循真诚可信、得体适度、恰到好处的原则。赞美是一种双方的情感体验，包括对对方的感受和自己的真实情感体验，要让对方感受到你的赞美是经过认真观察、思考后说出来的心里话。

二、赞美的语言技巧

（一）赞美之辞应符合事实，具体实在

真诚的赞美才能真正令人愉快，反之，则令人产生反感，适得其反。赞美要具体、实在，不能给人以虚的感觉。

赞美女性时，说“你的眼睛真迷人”比说“你真迷人”更能打动她。因为“你真迷人”这句话说得太笼统，若换成“你的眼睛真迷人”，则说明赞美者观察仔细，两句话效果完全不一样。

赞美他人应该就具体的事情表示欣赏，比如：“你今天写给公司的信函很好！”“你这个月的财务报表做得很清楚，一点差错都没有。”“这次会议的准备工作很细致，特别是材料印得规范，大家反映不错。”“这个小组成绩不错啊！其中张某、王某、李某的工作效率尤其高，单位小时件数达到了80件，这在全厂都是数一数二的，大家要向他们学习，继续努力啊！”“这么多事情，你做得井井有条，没出一点差错，真是太棒了！”“你炒的菜真好吃，真是色香味俱全，我都吃撑了！”“你这么细致地照顾我，我真感动！”

某日，美国心理学家和人际关系学家戴尔·卡耐基到邮局寄挂号信，排队的人很多。寄挂号信的职员对自己的工作已很不耐烦。卡耐基想：“也许他今天遇到了不顺心的事，也许是重复同样的工作厌烦了。我得说一些令他高兴的话，让他高兴地提供服务。”稍加用心，他很快就在这位职员身上看到了他非常欣赏的一点。当职员在称卡耐基的信件时，卡耐基很热忱地说：“我真的很希望有您这样的头发。”那位职员有点惊讶，抬起头，面带微笑。“嘿，不像以前那么好看了。”他谦虚地回答。“虽然您的头发失去了一点原有的光泽，但仍然很好看。”听了卡耐基的话，那位职员高兴极了，对待工作一下子显得积极起来。他们愉快地谈了一会儿，卡耐基寄完信临走时，职员兴奋地说：“很多人都称赞过我的头发。”

具体地赞美对方的优点，对方会发自内心地感到开心，是精神层面的莫大鼓励，甚至因此而改变其工作态度。

（二）赞美之辞应满足对方需要被肯定、被认同的自我意识

水果店里，李女士对老板说：“老板好，昨天我在你店里买的西瓜是你帮忙挑选的，我们全家人吃了，都说是今年夏天吃到的最甜的西瓜。你挑瓜的水平真不错啊，再帮我挑一只又大又甜的西瓜吧。”老板听了，乐呵呵地说：“没问题，我一定帮你挑一只甜甜脆脆的。”他一边挑瓜，一边教给李女士挑瓜的窍门。李女士买了瓜，回家切开吃了，果真是好瓜。李女士夸老板挑的西瓜好，使老板获得了被肯定、认同的愉悦，挑西瓜就更加耐心细致了。

又如：“您真是好眼力。这套西装是名牌，价格适中。您身材修长气质儒雅，穿上这套衣服会显得特别大气，衣服的颜色与您的肤色也特别相配。不信您穿上试一下，肯定不错的。”如此巧妙地从身材、气质等方面赞美顾客，突出西装与顾客很相配，顾客听了心情舒畅，再进一步推销自己的产品，并说明绝不强加于他，一赞一试，说不定推销就成功了。

（三）赞美时要配合关爱的眼神和肢体语言

不要在赞美他人的时候眼睛还在看其他东西，或者手里还在写其他的东西，这种赞美会让对方觉得你好像在例行公事，显得很不真诚。

法国姑娘玛丽跟随其中国丈夫乘坐中国民航班机到上海去见公婆。玛丽的汉语水平不错，途中，空中小姐问：“小姐，您喝点什么？”玛丽用汉语脱口而出：“我不是小姐，是媳妇。你说错了！”这话引得周围的中国乘客哈哈大笑。空姐莞尔一笑，点头称赞道：“你的

汉语讲得真好，对中国的风俗文化也很了解，真难得呀！”玛丽听了十分高兴，同空姐和周围的中国乘客交谈起来。空姐端上一只小蛋糕，祝玛丽新婚快乐，许多乘客还热情地站起来向她表示祝贺，称赞这位中国的“洋媳妇”长得漂亮，彼此交谈十分亲切。空姐用赞扬的话语，配合真诚的微笑和眼神，送上小蛋糕表达祝福的暖心细节，拉近了与玛丽的感情距离，达到了交谈的目的，也赢得了乘客们的喜爱，为大家营造了愉快的氛围。

（四）对于同事、下级、晚辈的赞美要及时

一发现对方的优点，就立即赞美他，为他打气，这样做往往能起到意想不到的效果，尤其是在第一次。任何人干任何一件事，都有第一次，如果对方第一次干得不好，应该真诚地赞美一番：“你第一次做这项工作，就能有这样的表现，已经很不容易了。”这会使对方因赞美而树立信心，下次自然会做得更好。

（五）赞美之辞既可坦诚直言，又可间接表达

直接赞美。一天，夏雨偶遇老同学童欣，闲聊中得知童欣刚从海边旅游回来，便问：“怎么样？玩得开心吧？”童欣点头道：“是啊，就是皮肤晒得更黑了。”夏雨端详了她一会儿，微笑地说：“你的小麦色皮肤好迷人哦！”童欣芳心大悦，笑容可掬：“谢谢！……”

对初次见面者进行赞美应采用间接赞美的方式。不要针对其人品和性格进行称赞，因为你尚不了解；应对其过去的业绩或身上的饰物等已成型的具体事物做适当的间接赞美，这容易让对方接受。

对不太熟悉或关系不太亲近的异性最好使用间接赞美。因为在一般人的意识中，往往认为不在场的第三者是比较公正的，而第三者的赞美也多是在背后进行的，如果有人在背后赞美你，说明你的人品、人缘不错，这样通过第三者而获得的间接赞美自然也格外使人心情愉快，更有说服力。“怪不得领导器重你，说你能力强，这次你和那个很难缠的经销商谈判成功，我真的服了，看来领导没有看错人呀！”这比说“你能力很强”这句话更有说服力，而且还能避免恭维奉承之嫌。“难怪某某某一直说你不错，今日一见，果然……”“我常听你的班主任老师说你是一个很懂礼貌、凡事全力以赴、学习勤奋的学生，年年拿奖学金，真不简单啊！”听了这样的赞美，可想而知，对方一定会很开心，感到你不是虚情假意地敷衍他。

对长相一般或表现一般的人进行赞美时可用抽象、具有多层意思的话，如：“你真是个工作认真细致的人”“你的气质很好”。

（六）最有实效的赞美之辞不是锦上添花，而是雪中送炭

最需要赞美的不是那些早已美名远扬的人，而是那些不引人注目而有自卑感的人。对缺乏自信和少被人肯定的人，更应注意适时进行赞美，这会令对方感到开心，增加其信心，也更容易获得他人的感激。

托尼是一个伐木场的工人，脾气很暴躁，大家都有点怕他，可伐木场的老板罗杰斯还是很信任他，对他也非常好。

一天，托尼问罗杰斯：“大家都觉得我脾气不好，于是疏远我，您为什么还对我那么好？”罗杰斯笑道：“托尼，你干得不错！我知道你脾气不好，但你从来都是最早上班，最晚下班，而且你在这里干了三年，从来没有出过任何事故。”他的话刚说完，托尼惊呆了，手上的一铲子沙子撒落在地上，泪水从他眼眶里涌出。他对罗杰斯说：“老板，你的话非常中肯，也非常让我振奋，这让我感觉像是过圣诞节一样。”

过了几年，罗杰斯卖掉了伐木场，托尼随后也离开了那里。当罗杰斯再遇到托尼时，托尼已经是美国西部最大伐木公司的负责人。罗杰斯问他怎么会获得如此的成功，托尼回答道：“这都是因为那次你对我说的话，你那句朴实深刻的话改变了我的一生。”

一句朴实无华的话之所以能打动托尼，是因为脾气暴躁的托尼不受人们理解与欢迎，虽然他非常渴望得到他人的尊重，却又感觉不到应有的肯定，心理上一直都有一种挫折感，此时他需要的是毫不夸张的、真实的评价，罗杰斯对他的评价是客观真实的赞美，而对他“脾气不好”这一缺点的指出也是直言不讳的。这样的话让托尼感觉老板是把自己当作朋友，才指出缺点、肯定优点。这比虚假的赞美更能打动人心。

对托尼来说，罗杰斯对他的赞美是雪中送炭的理解、鼓励和尊重，让他实实在在地感觉到罗杰斯对他的真诚、友善与赏识。

课堂训练

进行全班循环赞美活动：

邀请接受赞美的同学站在讲台前，全班同学依次走到他面前，面带微笑，看着他的眼睛说一句赞美的话语或用简括的语句诚恳地讲一件赞美他的事，赞美的内容不能重复。选出一人担任记录员，在黑板上记录同学们对被赞美同学所说的赞美之辞。要求接受赞美者在别人赞美自己时，报以微笑并用不同的表达方式致谢。

活动结束，请被赞美的同学说出听到同学赞美自己时的感受，说出最令自己意想不到的、最令自己开心的赞美之辞。然后请他用“我是一个＿＿、＿＿、＿＿的男生（或女生）”的长句子把所有对自己的赞美大声读出来，横线上依次为写在黑板上的同学们对这位同学的赞美之辞。

相关链接

听到赞美后的表达形式

赞美是人人都愿意接受的。真诚的赞美易于博得他人好感，并能创造进一步沟通的气氛。但是，如何才能把赞美引出的这种积极效果推向更理想的境界呢？那就是被赞美者面对赞美给予得体的反馈，及时予以应对。这对于建立自己良好的交际形象是非常有利的。听到赞美后的积极表达形式有：

一、肯定式

只要对方赞扬的内容是事实，你也认为当之无愧就可对其赞美给予肯定的反馈。如：“谢谢您的赞美，您对我的工作予以肯定我真是太高兴了！”

二、谦虚式

以谦虚的态度对待别人的赞美也是一种得体的应对方式，不过在语言表述上应把握分寸，实事求是，忌用全盘否定自我的词语，不当的自谦会给人造成“虚伪”的印象。

得体的谦虚有两种陈述方法：

1. 面对赞扬，谈取得成绩的有利条件，回避主观因素

如：“谢谢您对我的鼓励，这次比赛我能获得第一名，应该归功于我的指导老师和所有给予我关心和帮助的同学。我很感激他们！”

2. 谈更高的目标，表达自己不以此为满足的追求

如：“您过奖了，我做得还很不够，与优秀的选手相比，还有很大的差距，今后我会更努力的。”

三、致谢式

成绩的取得往往是多种因素促成的，特别是当与赞美者有直接或间接关系时，就应实事求是地对赞美者还以致谢式的回应。如：“您对我的赞赏将激励我更上一层楼，非常感谢您！”

四、互酬式

面对赞美，被赞美者以同样真诚的口吻给对方以赞扬，也是一种积极的反馈方式。如：“谢谢你的鼓励，这次比赛你的表现十分出色，有很多地方值得我好好学习，请你以后对我多加指导！”不过这种彼此赞美应适可而止，不可一味延伸。赞扬太多反变成互相吹捧，失去积极作用。

不管哪种形式的反馈都应做到态度自然真诚，内容实事求是，语言准确有度。

一位年轻母亲曾讲过一个故事：她的孩子常常因做错事而受到她的责备。但有一天，孩子一点错事都没有做。晚上，她把孩子轻轻放在床上，盖好被子，孩子把头埋在枕头上，抽泣着问道：“难道今天我没有做一个好孩子吗？”“这一问就像电一样触动着我的全身。”年轻的母亲说，“当孩子做了错事时，我总不放过纠正她，但当她极力往好处做时我却没有注意到，我把她放在床上时，连一句表扬鼓励的话都没有。”

所以，请记住：永远别忘记赞美他人，而且要不止一次去由衷地赞美。在得到他人的赞美时，也别忘记给予及时真诚的回应。

赞美攻心十招

人人都喜欢被赞美，赞美在人际交往中扮演着非常重要的角色。

要建立良好的人际关系，恰当地赞美别人是必不可少的。但也要因人而异，因为每个人的优点都不尽相同，下面我们就介绍十招：

1. 从小事赞美对方。如："你这衣服的纽扣真好看""只错了一点点，你就重新抄一遍，真是认真"。

2. 以第三者口吻赞美对方。如："他们都说你人很好""听你们班主任说，你的口才很好"。

3. 有意将对方的优点公之于众。如："大家看！张阳又有一个新创意""告诉大家一个好消息，李明又获奖了"。

4. 注意赞美对方隐蔽的优点。如："你不但长得好看，而且还很细心""没想到你的字也写得这么好"。

5. 注意赞美对方新近的变化。如："最近你的皮肤变白了""最近你的数学进步很大"。

6. 注意用非语言方式赞美对方。如：用眼神、点头、竖大拇指来赞美对方。

7. 赞美对方的内在优点。如：赞美他人品好、有才华、有气质、聪明、细心、有同情心等。

8. 赞美对方的外在优点。如：赞美他人漂亮、帅气、苗条、高大、秀美、英俊、白皙、健康等。

9. 赞美与对方相关的人或事。如：赞美他人服饰的样式、颜色，有关他父母等家人的得意之处，与他有关的活动、他的观点、他的建议等。

10. 巧妙地赞美他人的缺点。如：对瘦的女性可以说"你很苗条"；对胖的女性可以说"你很富态"；对不胖不瘦的女性可以说"你的身材很匀称"；对苛刻的人可以说"你是一个很认真的人"；对散漫的人说"你这个人很随和"。

事实上，我们每个人都希望自己的工作受到别人的赞美。我们花了很大的精力，都希望从他人那里得到赏识。因此，我们要努力去发现你可以对别人加以夸奖的小事情，寻找你与之交往的那些人的优点，那些你能够赞美的地方。要形成真诚赞美别人的习惯，这样，你与别人的关系将会变得更加和睦。

其实，在与人的沟通交流中，赞赏是非常容易的，如果能以诚挚的敬意和真心实意的赞扬对待他人，那么任何人都可能会变得更令人愉快、更通情达理、更乐于协力合作。

“您养的鸡真漂亮！”

电气公司的威伯到一个乡村去推销电。到了一个富有的农家，他叫开了门，开门的是个老太太。她见是电气公司的代表，猛然把门关上。

再次叫门，门勉强开了一条缝。

威伯说：“很抱歉打扰了您。我知道你们对用电不感兴趣，所以，这次并不是来推销电，而是来买几个鸡蛋。”

老太太消除了一些戒意，把门开大了一点，探出头来怀疑地望着威伯。

威伯继续说：“我看见您喂的鸡很漂亮，想买一打新鲜的鸡蛋带回城。”

听到他这样说，老太太把门开得更大一点，并问道：“你为什么不用你家的鸡蛋？”

“因为我家的鸡下的蛋颜色偏白，做蛋糕不好看，我的太太要我来买些黄色的蛋。”他充满诚意地说。

这时，老太太走出门口，态度温和了许多，和威伯聊起鸡蛋的事。

威伯指着院子里的牛棚说：“太太，我敢打赌，您丈夫养的牛赶不上您养的鸡赚钱多。”老太太被说得心花怒放。长期以来，她的丈夫总不承认这个事实。于是她把威伯视为知己，并带他到鸡舍参观。

威伯边参观边赞扬老太太的养鸡经验。威伯对老太太说：“您养的鸡真漂亮！”并说，“如果能用电灯照射，鸡产的蛋会更多。”老太太似乎不那么反感了，反而问威伯用电是否合算。当然，她得到了完满的解答。

两个星期后，威伯在公司收到了老太太交来的用电申请书。

第二节 批　评

金无足赤，人无完人。人生在世，孰能无过？若有过错，即使是有自知之明的人，对过失的性质、危害、根源也往往不及旁观者看得清楚。赞美如阳光，批评如雨露。现实生活中，当我们发现别人的过错时，应及时予以指正、批评。

某一天，张总突然接到员工小李的电话：“我买了机票，要去泰国玩，现在向您辞职。”张总有些惊讶，但还是以平和的口气说：“我给你两个星期的假，旅游结束之后再来上班。”小李说：“不用啦，即使回来，我也不想回您这里来上班了。”张总极为气愤，但他没有忘记反思问题出在哪里。后来他才想起，前些天小李曾交了一份企划案，自己对他十分不满意，而且还训斥他：“你怎么可以做出这样的东西，还好意思交给我？”

批评是一种艺术，其出发点是如何让对方虚心接受批评，让对方更加正确行事，同时也使自己与他人的人际关系更加和谐。忠言逆耳利于行，这句话常被用来告诫人们要虚心接受批评，不应计较批评的方法。但作为批评者，要使自己的批评被被批评者接受，应做到忠言不逆耳，这就需要讲究批评的语言艺术和方式方法。

一、批评的基本原则

批评应态度真诚，本着关心、爱护、帮助、使人进步的原则，切忌使用讽刺、挖苦的言辞，如“就你了不起”“看看你这副德性”等，这会引起被批评者的反感，从而拒绝接受意见，甚至激化矛盾。而用“你的字太小，老师年纪大了，得依靠放大镜看才行喽”来委婉提醒学生写作业时字要写大些，更让学生乐于接受。

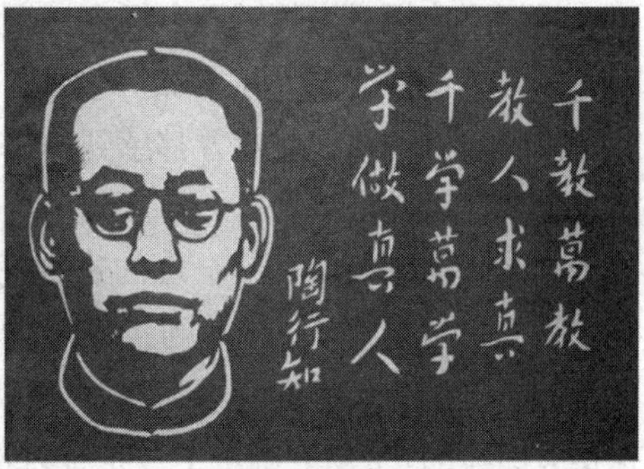

陶行知名言

一天，育才小学校长陶行知在校园里看到男生王友用泥块砸自己班上的同学，立即制止了他，并要求他放学时到校长室去。放学后，陶行知回到校长室，王友已经等在门口了。陶行知叫他进屋，没有批评他，却从口袋里掏出一块糖果送给他，对他说：“这是奖给你的，因为你按时来到这里，而我却迟到了。”王友惊疑地接过糖果。随之，陶行知又掏出一块糖果放到他手里，说：“这块糖果也是奖给你的，因为我不让你再打人时，你当即就住手了，这说明你很尊重我，我应该奖你。”王友更惊疑了，他眼睛睁得老大，似乎不敢相信面前的事实。陶行知又掏出第三块糖果塞到王友手里，接着说：“我调查过了，你用泥块砸那些男生，是因为他们不守游戏规则，欺负女生。你砸他们，说明你很正直善良，有跟坏人作斗争的勇气，所以你应该受到奖励！”陶行知的话使王友很感动，情不自禁流下了泪。他抽泣着说道：“陶……陶校长，您……您打我两下吧！我错了，我砸的不是坏人，而是自己的同学呀！”陶行知满意地笑了，他随即掏出第四块糖果递过去，说：“为你正确地认识错误，我再奖给你一块糖果。可惜我只有这一块糖果了，我的糖给完了，我看我们的谈话也该完了吧？”说完，他让王友走了。

有人说：“批评家多么可怜，赞赏家多么可爱。”但从陶行知先生高明的批评艺术中看来，有智慧的批评者同样令人尊重、令人喜爱。生活中，我们应该努力掌握批评的技巧，艺术地批评他人，收到令人欣慰的效果。

二、批评的语言技巧

（一）先赞扬后批评

在批评前，先真诚地赞美对方的长处，能化解被批评者的对立情绪，解除其戒备心理，使其乐意接受批评。如：“你课堂作业写得很认真，家庭作业也能这样就更棒了。”这样的批评往往是对方乐于接受的。

一天，李经理对一位女录入员说：“你今天这套漂亮的衣服，更能显出你的美丽！”女录入员突然听到李经理对自己的称赞，受宠若惊，脸都红了。经理接着说：“不过，如果你以后打字的时候，能注意一下标点符号的话，你的工作也一样会干得更漂亮！”这样先赞美对方一番，令对方心生愉悦，然后再委婉地指出其应改进的不足之处，往往容易使对方愉快地接受意见。

（二）选择适当的时机和场合

批评要选择适当的时机和场合，保护被批评者的自尊心，使批评起到良好的效果。

1. 在双方交谈融洽时再批评

批评前，可找一些双方都感到比较轻松愉快的话题，等到双方感到谈得比较投机时再提出忠告或建议性批评。

赵老师刚刚接任了一个班的班主任，这个班的同学们学习很用功，就是卫生方面差一些。一天，赵老师来上晚自习。她刚洗了脸，擦了护肤品，一进教室，一股淡淡的幽香就飘进了教室。坐在前排的女生闻到香味，叽叽喳喳地小声议论开了：“赵老师多大年纪了？还抹得香喷喷的！”赵老师听了，忙接过话茬说：“老师我芳龄55了，别看我一脸的皱纹，还是挺爱美的！这不，刚洗了脸，还不忘擦一擦护肤品。”全班同学都被逗笑了。赵老师灵机一动，顺势把话题从爱美之心对心理健康的作用转到环境之美对学习、生活及精神面貌的作用上来，语言平实，贴近生活，没有说教的味道，同学们听了纷纷点头赞同。从此，班级卫生大为改观，同学们再也不乱扔废纸、果壳了，值日生也比以前更负责任了。赵老师轻松幽默的话语，一下子缩短了师生间的距离，让学生感到老师的可敬、可爱、可亲，所以愿意接受她的观点，达到了事半功倍的效果。

如何营造融洽的气氛呢？以轻松、含蓄、智慧的语言诙谐幽默地批评他人不失为一种良方。幽默的批评可以消除被批评者的恐惧、不安或对立情绪，让被批评者在笑声中心情舒畅地接受批评，起到良好效果。

一位教师走进教室，发现有两位同学不知为什么正扭打在一起，全班同学的目光都望着老师，看老师如何处理，而这两名同学却浑然不知，仍打得十分“投入”。见此情况，老师便幽默地说：“同学们，请继续欣赏这精彩的‘男子双打’比赛。”在同学们的笑声中，两名打架的同学不好意思地停了下来。老师又不失时机地补充了一句：“同学之间应互谅互让，不要因为一点小事弄得大家都不好意思。”老师的幽默批评方式既没有损害被批评者的面子，又使他们欣然接受，不可谓不巧妙。

有位将军问一位战士：“马克思是哪国人？”战士想了一会儿，说：“法国人。”将军说：“哦，马克思搬家了。”对这一常识性问题都答错，将军当然不快，但用这种富有幽默性的话语指出对方的错误，委婉地对战士进行批评教育，这对战士的触动应该是很大的。

2. 等双方处于冷静时再批评

生活中，有的人做错事情可能是出于无心，也可能是有他的理由。在批评他人之前，要静一静心，去掉自己的不满与焦躁，先用审慎的态度对待你所要批评的对象，以免伤害对方。在批评时，应选择双方都冷静时，这样才能使批评者真诚、客观地提出批评，被批评者也能平和地认识自己的不足。

一天，陈老师在班会上对全班同学说："我担任我们班的班主任3年多了，还有半年多大家就要毕业了，除了班会课，我还一直没机会给同学们上过一节课。下学期我班要开设职业指导课，我自告奋勇申请上我们班的这门课好不好？"同学们拍手称好，坐在第一排的唐同学却慢条斯理地说了句："我看还是算了吧！"其他同学纷纷指责他，陈老师深感很没面子，但没说什么。几天后学校开运动会，陈老师和唐同学坐在一起一边观看比赛，一边闲聊。看唐同学心情很好，陈老师笑着说："你知不知道前几天让我很受伤？"唐同学愣住了，陈老师说，"你在全班同学面前表示不欢迎我上职业指导课，让我很没面子，心里很是难过了一阵子。"唐同学连忙道歉："对不起，老班，我只是怕你教我们，对我们要求太严格。没想到伤了你的面子，不好意思。""没关系，当时我是有些难过，感觉你不欢迎我为大家上课，现在没事了。不过，我想提醒你以后与人相处，可不能这样脱口而出，伤害了别人自己还浑然不觉，这可能会让自己的人际关系受到影响。"唐同学愉快地接受了陈老师的批评，还答应老师在班会上用这件事作为案例与大家交流。陈老师没有在自己心情不快时批评唐同学，而是等自己心情平复后，与唐同学聊天时不经意地提出，像朋友一样提醒他说话要注意场合和分寸，令唐同学心悦诚服。接着，陈老师又以此为例在此后的班会课上对同学们进行善意提醒，起到了很好的效果。

3. 尽可能避免在大庭广众下指名道姓地批评

人人都有自尊心，应尽量避免当众批评人，也不要用自己的身份、地位强迫被批评者接受自己的批评，这样往往会使被批评者口服心不服，不愿真心接受批评，更不可能真正地改正不足。

自习课上，刘老师来到教室收作业本，得知又是只有丁阳一人没交时，他看了看丁阳皱了皱眉，将他叫到教室外："丁阳，你这是第几次没交数学作业了？还有下次吗？"丁阳低头不语，刘老师又说："难道我要等你三生三世吗？只怕你的作业本没等到，我却等到桃花都开了。"丁阳忍不住"扑哧"笑出声，舒了一口气，说："刘老师，我有一道题不会做。"刘老师拍了拍他的肩："走，我帮你看看。"刘老师辅导丁阳做完了作业，丁阳感激地说："谢谢您，刘老师，我以后一定不会缺交作业了。"面对多次不交作业的学生，刘老师不急不躁，先是与之单独交流，幽默打趣，使丁阳放松了心态，认识到自己不对，然后又耐心辅导，帮他弄懂了难题，使丁阳心服口服，决心改掉缺交作业的毛病。

但若对方态度恶劣，则不妨故意当众批评。繁华场所，一个保洁员发现有一位男青年随地吐痰，便走上前："先生，您违规随地吐痰，按规定罚款5元。"那名男青年瞥了一眼保洁员撕下的罚款单，很快从兜里甩出一张10元的票子，啪——接着又是一口污物落地。这还不算，那男青年还随口说道："不用找钱了！"说罢，不紧不慢地扭头就走……"这青年怎么能这样呢，简直太不像话了！”路人开始议论纷纷，那名男青年的言谈举止引起了公愤，众人却对此毫无办法，只能任那男青年趾高气扬地信步离去。“等一等，请您等一等！”就在这时，只见那位保洁员快步走到那青年面前，不卑不亢地告诉他：“先生，罚款不是我们的最终目的，只是一种途径，既然罚款对您无效，那么刚才您吐的第二口痰我们干脆免费，这是找您的5元钱！”说着，保洁员把5元钱塞进了男青年的口袋。男青年怔了一怔，看到那么多围观的人，欲言又止……“对于像您这样的‘高素质’市民，我们可以破例免费让您吐痰，如果您愿意的话，您还可以再吐上几口。”保洁员边说边把手中的铁簸箕举到了那名男青年的胸前。这时，驻足围观的群众已经越来越多，有位老者更是强烈要求那名男青年向保洁员道歉，大家纷纷响应。男青年自知理亏，面红耳赤拨开众人狼狈而去……男青年态度恶劣，保洁员找给男青年5元钱，又当众让他免费吐痰，令他难堪，狼狈离去。这样当众批评男青年，无疑给他上了生动的一课。

（三）因人而异

批评时应因人而异，一般态度应温和，因为不论采取哪种批评方式，都难免令对方感到失落、尴尬或不快。

如妻子对丈夫说：“今天怎么回来这么晚？吃饭了吗？你还要不要身体了？”“怎么才回来？干什么去了？喝酒去了？你还要不要这个家了？”两段问话，效果不同，前者含有关心、嗔怪，容易让人接受，后者带有责备、埋怨，容易产生家庭矛盾。

我们再比较两位教师分别对一位参赛准备不积极的学生进行的批评：

甲：这次竞赛的备赛时间很紧，你是不是很累？不过你的气色还好，有几个同学都瘦了不少，你们都是立志要夺冠的，你可要好好把握时间呀！

乙：你怎么回事？别人都在拼命备赛，从早到晚连轴转，人也累瘦了，都觉得时间不够，你却不当回事，你不想参赛了吗？

甲的语言既有关心，又有忧虑，语气温和，既不会伤害学生的自尊心，又可激起其维护集体荣誉的责任感。乙的语言多是埋怨责备，易引起学生的逆反心理，挫伤其参赛积极性。

1. 语重心长

批评年轻人可语重心长，但批评的内容一定要客观具体。批评者应基于事实说“某某今天迟到了一小时”，不说“某某没有时间观念”；不说“你又迟到，你总是迟到”，而说“你这个月迟到了三次”。这种方法可以避免人与人的冲突，因为谁也不能否认客观事实，在客观事实面前被批评者也能更清晰地看到问题。不说“某某业务能力不够”，而说“某某最近三个月指标完成率低于80%”。

2. 点到为止

批评自觉性较高的成年人，可选取适当时机、场合略加提醒，点到为止。某君宿舍房屋漏雨，每次请求修缮都没有结果。一天，单位领导问及此君房子的事。人们以为他会大诉其苦，某君却微微一笑道：“还好，不是经常，只是下雨时才漏。”他的话使大家一阵大笑，几天后，修房的事妥善解决了。某君用幽默的话语巧妙地表达了对上级领导未及时解决下级疾苦的不满，点到为止，既保护了领导的面子，又让领导感到了自己工作上的懈怠，及时整改，使问题得到了解决。

心理学研究表明，一种批评如果反复进行，就会失去作用。有的人在批评时，总以为自己有理，批评起来没完没了。这样做不妥。正确的做法是适可而止，每次可提及一两点，切勿万箭齐发，老账新账一起算，让人难以招架，从而使被批评者感到难堪、沮丧，甚至自卑。小洋洗碗时不小心摔碎了一只，妈妈见了，板着脸责备道："洗个碗都能把碗摔碎，你说你能干点啥？吃饭时总剩饭，不爱惜粮食，自己的衣服不肯洗，地板也不拖，回到家就知道看电视、玩手机。这么大的人了，就没一件事让人省心。"小洋听后气得把碗一放，跑回房间拴上门："嫌我做得不好，我以后啥也不干了！"

3. 旁敲侧击

对上级、长辈或不方便直接批评的人，可以自责的方式或假装责怪他人、他物的方法促使对方自我反省，达到委婉、含蓄地批评对方的目的。

某先生信箱里的报纸，近来常常不翼而飞，他发现原来是邻居家的狗跳到信箱上叼走报纸的。他对邻居说："你家的狗十分好学，最近，它常常把我的报纸拿去读，你能否和你的狗商量一下，让他不要叼走我的新报纸。每天晚上我在家门口给它留张旧报纸。这样，尽管它获得新闻的时间晚一点，但它仍然比别的狗见多识广。"某先生通过表扬邻居家的狗好学委婉地向邻居提出了请管好自己家宠物的意见，既让邻居知道了问题所在，又维护了邻居的面子，有利于邻里关系的和谐。

（四）切勿比较

批评时不要用他人的长比被批评者的短，这样很容易伤害对方的自尊心，引起对方的反感，继而产生防备、抵触心理。如"你看你的同桌学习多努力，成绩多优秀啊！看看你，整天就只知道玩，一点没有上进心，成绩忽上忽下？"这样批评的后果是引起孩子的反感："哼，嫌我成绩不好，你能拿我怎么样？"孩子的自尊心受到伤害，打击了其学习积极性。

当然，在发现别人的不足时，最好先反省一下自己，用最大的宽容去对待别人的错误。否则，你可能会变成一个只看到别人缺点而忽视自己缺点的人。一个院子里住着张老太太和李老太太两家人。张老太太总是指责李老太太懒惰。一天，张老太太家来了一位朋友，她对朋友说："你看，李家老太太懒的呀，衣服都洗不干净。看她晒在院子里的衣服都是斑点。我真不知道，她活了几十年了，怎么会连这点小事都做不好……"她的朋友听了张老太太的唠叨，马上看出了问题的所在。他拿起抹布，在张老太太家的玻璃窗上一擦，抹布上沾满了灰尘。他对张老太太说："您再来看看，那家老太太的衣服不是洗得很干净吗？是你自家的窗户玻璃脏了。"有的人总是看别人不顺眼，但很多时候问题是出在自己身上。因此，不要总找别人的缺点，要学会自我反省，这样才能逐步提高修养。当你真正发现别人的不足，要对他人进行批评时，才能做到心平气和、真诚友好，对方也就乐于接受你的批评了。

在与人交往的过程中，同学们要懂得实事求是、满怀真诚地去赞美，体谅宽容、恰当得体地去批评。

课堂训练

1. 列举一两个生活中你被他人批评后心里感到不快的例子，对方应该怎样说才能让你愉快地接受他对你的批评呢？

2. 某同学上课时常开小差，请你作为同桌对他提意见。

练习

1. 批评的原则是什么？批评他人应掌握哪些技巧？

2. 请对公园里摘花的某游客进行批评。

相关链接

怎样批评与自我批评

奥斯特洛夫斯基说："批评，这是正常的血液循环，没有它就不免有停滞和生病的现象。"我们每一个人都不是生活在真空里，就像我们身上要沾染许多病菌一样，在我们的思想意识和言谈行为上，会不可避免地出现一些缺点、错误，积极开展批评与自我批评，才能使我们保持身心的健康。但是，在开展批评与自我批评时，一定要讲究方式、方法，这里也有艺术性，否则难以达到预期效果。

一、批评

批评的目的是帮助对方克服缺点、增进团结、共同前进。要使批评达到这个目的，在批评的过程中要注意做到如下几个方面：

敲当面锣、对面鼓：有意见、有看法，要当面指出来，不要背后品头论足、指手画脚地放暗箭。

浇花要浇根：批评要着眼于大是大非问题，不能纠缠于鸡毛蒜皮的小事。

不能一碗水看到底：不凭想当然看待人，不凭老印象去批评。

糖衣良药更有利：虽说良药苦口利于病，也还不如糖衣良药好，就是说要力求使用对方易于接受的方法，使对方心情舒畅地接受批评。

春风化雨，点滴入土：批评时不要声色俱厉，而应像温暖的春风那样吹去蒙在对方心灵上的灰尘，像春雨入土那样把希望的甘露滴在对方的心田里。

多拉警笛，少做事后诸葛亮：批评及早及时为好，最好帮助对方把错误消除在萌芽之中。

二、接受批评

一般来说，对被批评一方，如果批评者采取了正确的方式方法，还是容易心悦诚服接受的。可是，对于泥沙俱下的批评、锋芒毕露的批评、讽刺挖苦的批评、触讳揭疤的批评，有的人就感到不那么愉快和服气了。如何对待不同方式的批评，甚至错误的批评呢？正确的态度与做法也是心悦诚服地接受批评。因为对方是出于对你的关心和爱护，单是这番情义就应该感谢批评者。世界上什么事情，都不能100%正确，批评中有片面性这是正常现象，假如害怕带有片面性的批评，恐怕就什么样的批评也不能接受了。批评的作用在于指出缺点，也在于引起警觉，即使完全错误的批评也不无好处，那样实际上等于给自己敲了警钟。倘若确实不会再犯老毛病，又不愿听那些话，可以与对方交换一下意见，提醒他一下。若双方都能以诚相见，是不会伤害感情的。

在接受批评时，不要看批评者是谁，不能只接受领导、长者、好友的批评，而对下级、小字辈、关系一般者的批评置若罔闻、不屑一顾。如果一个人真心想改掉自己的缺点，尽快完善自己，那么，就应该虚心聆听来自各方面的批评，包括善意的和“恶意的”。批评对了，迅速改正，批评错了，闻者足戒，这才是接受批评的正确态度。

三、自我批评

批评别人主要是为了帮助别人，虚心接受别人批评主要是为了使自己抛弃错误，而要使自己抛弃错误最根本、最重要的途径是开展自我批评。怎样开展自我批评呢？可以从以下三个方面来进行：

第一，有自知之明，及时进行自我批评。自己发现自己的错误是比较难的，需要时刻保持清醒，对自己有一个接近于实事求是的评价。在说话办事以前，要三思而行；在一件事情当中，时时注意不犯错误；做完一件事以后，要认真总结经验教训，及时发现自己的错误。而且，还要注意从别人的批评，甚至从他人的牢骚乃至咒骂声中发现自己的问题。

第二，襟怀坦白，公开进行自我批评。有些人认为：“发现自己的错误后，偷偷改正就行了，何必大吵大嚷呢?”敢于公开进行自我批评，这说明了一个人真正意识到了自己的错误，下了大决心来改正自己的错误。公开进行自我批评有许多好处，既能够取得别人的监督和帮助，能够有利于取得对方的谅解，同时对别人也是一个前车之鉴。公开进行自我批评，会不会有损于自己的面子呢？一个人的错误，如日月之食，人皆见之；公开进行自我批评，人皆仰之。不是公开进行自我批评会有损于自己的面子，而是对错误躲躲闪闪丢了面子。

第三，负荆请罪，诚恳进行自我批评。发现自己做了错事，既要及时、公开进行自我批评，也要诚恳地向对方道歉，这表现了自己的成熟。

第六章 说服、反驳与拒绝

第一节 说 服

人在社会生活中，常常会产生各种各样的矛盾，说服工作就显得特别重要。所谓说服，是指好好地向对方说理，使之接受，试图使对方的态度、行为朝特定方向改变的一种影响意图的沟通。说服的目的就是化解矛盾，统一思想，达成共识。

说服者不仅要有充足的理由，还要有善于说服的方法和技巧。

有一天在殿廷上，常常向皇上直言进谏的魏征终于把唐太宗惹恼了。唐太宗回到后宫后怒气难平，越想越气，觉得自己颜面尽失，自言自语道："会当杀此田舍翁！"就是说，我一定要把这个乡巴佬给收拾掉！长孙皇后听到这句话之后，不言不语，转身进屋，不一会儿穿着厚重的朝服走出来，对着唐太宗行跪拜之礼。朝服那可是皇后在重大场合穿的礼服啊。唐太宗吓了一跳，忙问："皇后为什么要对我行此大礼呢？"长孙皇后说："妾闻君明则臣直。如今魏征敢于直言进谏，说明您是个非常英明的皇帝啊，所以我特意向您表示祝贺！"唐太宗听了很高兴，同时也明白了皇后的用心——皇后这是在劝谏自己，做皇帝要有气度，胸怀要像大海一样容纳百川，不能为了一点小事就要杀人啊！

长孙皇后用暗示的方法令唐太宗恍然大悟，打消了唐太宗杀魏征的念头，其方法之巧妙令人叹绝。

一、说服的基本原则

（一）晓之以理

用讲道理来说服对方时，既可正面讲道理，也可反面讲道理。口气应委婉，想方设法调节谈话的气氛，切忌盛气凌人，不当众驳对方面子。

几个十八九岁的青年坐公共汽车，上车之后，没有买票的意思。售票员小王要他们买票。一个小伙子说："我们没有工作，没有工资，用什么买票？"小王听了，对他们笑笑，用诚恳的态度小声对他们说："你们自己看看，这副腔调给人的印象多不好。其实，我知道你们并不是耍坏，你们都长这么大了，又不是孩子，总懂得爱护自己的名誉吧？乘车买票是几块钱的小事，名誉坏了用多少钱也买不回来。乘车不买票，这多不好？我就不相信你们出门连买车票的钱都没有。你们不买票，车上这么多乘客都看着你们，多不好意思！”小王一番话，说得他们不好意思起来，他们相视一笑，纷纷拿钱买了票。

售票员小王在劝说小青年买票时，先是放低了声音，保护了对方的自尊心，又面带微笑，令对方感到他很真诚，口气委婉地先肯定他们不是耍坏，接着提醒他们应为自己的名誉着想，注意在公众面前的良好形象，使对方心生羞愧，接受了意见。

（二）动之以情

动之以情即以情动人，借助情感加深他人对道理的认知，打动对方的心。

为了参加10月的英语自学考试，6月初，李蓝和宋佳相约参加了针对这次考试的考前辅导班。由于她俩的英语基础不太好，所以学起来非常吃力，而授课老师有进度要求，课程讲得比较快，李蓝和宋佳就跟不上了。于是她俩决定退学，先把中学的英语补一补，来年再考。困难的是由于她们已上了一个多星期的课了，按培训机构的规定是不能退学的，这就意味着她们要损失几百元钱，最后她们决定找主管的李校长说说看。那天，本来她俩是一块去找李校长的，结果宋佳临时有事，李蓝一个人先去了。李蓝是个急脾气，一进门开口就说：“你们请的啥老师，课讲得那么快，跟开火车一样，根本学不成，我要求退学。”李校长很不高兴地回答道：“按学校规定，开课一星期后不能退学，再说我们请的老师是很有经验的，已经连续带过好几届了，成绩都不错，目前除了你还没有其他同学提出意见。”“什么规定，还不是你们自己定的，反正你得给我退，要不然我就到你们的主管部门告你们去。”“你随便！”说完李校长低下头不再理她。结果李蓝学费没退成，还憋了一肚子气。回去后，李蓝打电话劝宋佳不要去了，宋佳考虑了一下，还是决定试一试。第二天，宋佳找到李校长，一进门就客气地说：“李校长好，我是英语补习班的学生宋佳，有点事想和您商量一下。”“什么事？坐下来再说吧。”李校长也客气地说。宋佳叹了一口气说：“唉！说起来也是怪我自己，年龄大了，英语基础又不太好，怎么努力也跟不上课。其实老师讲得挺好的，虽说课程讲得比较快，但也是因为有进度要求，毕竟10月就要考试了。但这个进度我确实跟不上，不瞒您说，经常一节课下来，脑子一片空白。”“那你打算怎么办呢？”李校长关切地问。宋佳回答：“我想先把中学的英语补一补，来年再上。”李校长点头道：“这是一个好办法。”“可是咱机构有规定……”宋佳面露难色。李校长考虑了一下说：“这样吧，你先回去。我和其他老师商量商量，你明天再来一趟。”“谢谢李校长，让你们为难了。”第二天宋佳顺利地得到了退回的学费。

同是说服李校长退回自己的学费，宋佳退成了，李蓝没退成，原因就在于宋佳认清了自己在这一事件中的角色和自己的难处，并积极诚恳地与校方沟通。充分描述实际情况并提出解决问题的设想后，得到了对方的理解与帮助。在说服他人时，绝不能像李蓝那样，一味地数落对方的不是，顶撞、威胁对方，以致造成他人心理上的抵触与对立。

（三）衡之以利

趋利避害是人的本性，在说服时可站在对方立场上，指明一些影响对方的因素，达到说服的目的。要做到这一点，知己知彼十分重要，先了解对方，而后才能从对方立场上指出问题。

某女士乘坐出租车，司机抽烟，呛得她受不了。她对司机说："大哥，我一闻烟味就会晕车，我怕吐在您的车上给您添麻烦。"这么一说，司机赶紧把烟灭了。

乘出租车的女士提醒司机其抽烟可能带来的后果，达到了说服的目的。

二、说服的语言技巧

（一）比喻法

运用比喻可以将抽象、深奥的道理具体生动地讲出来，使被说服者愉快地接受。如《邹忌讽齐王纳谏》中，邹忌就用周围人对自己形貌的不同评价做比喻，让齐王意识到自己存在的问题，并非常乐意地接受了邹忌的观点广开言路，从而达到了很好的治国效果。

田甜觉得自己的丈夫什么都好，就是只懂得埋头搞科研，不善于同人交往，为此她经常数落老公。一天，她又埋怨老公"书呆子、闷葫芦"，婆婆笑眯眯地说："你喜欢青蛙吗?"田甜摇头。婆婆说："青蛙天天在耳朵边叫，但没人喜欢；公鸡每天只在天亮的时候叫一声，大家就都起床了。所以，说得多不一定有用。"田甜听了若有所思，再也不经常数落丈夫了。后来，丈夫的一项科研成果获了大奖，被提拔为技术经理，田甜开心地对丈夫说："你妈说你会'一鸣惊人'，这话果然不错!"田甜的婆婆妙用比喻，通俗易懂，又生动形象，充满了生活的智慧，较好地说服了儿媳妇。

（二）引用法

在说服他人时，恰当引用名言警句、诗文、歌词、科学原理、统计数据等，往往言简意赅，富有哲理，令人信服。

说服他人博采众长，勤于反思，提高完善自我，可以引用孔子的名言"三人行必有我师焉，择其善者而从之，其不善者而改之"或"见贤思齐焉，见不贤而内自省也"，或引用唐太宗李世民的名言"以人为镜，可以明得失"等。

说服他人注重细节，可引用"差之毫厘，失之千里""千里之堤，溃于蚁穴""细节决定成败"，或引用荀子的名言"不积跬步，无以至千里；不积小流，无以成江海"，还可引用秦朝李斯的名言"泰山不让土壤，故能成其高；河海不择细流，故能就其深"等。

说服他人失败后不要气馁，可以引用名言"失败乃成功之母"，或引用歌词"不经历风雨，怎能见彩虹，没有人能随随便便成功"，或引用俄国诗人普希金的名言"失败之前无所谓高手，在失败的面前，谁都是凡人"，或引用古语"胜败乃兵家常事"等。

说服他人节约用水，可引用数据："我国当前水资源短缺情况十分严重，人均水资源量仅为世界人均水平的28%，不仅有2/3的城市缺水，农村还有近3亿人口饮水难。"以数据说话，既能引起听众的注意，又极具说服力。

当然，用引用说服他人，引用材料一定要经得起检验和核实，否则会削弱说服力。

（三）故事法

说服是艰难的，因为人习惯于坚持自己，对于那些自负的人，对于那些冥顽不化的人，更是如此。但是说服又是必须的，而且要做到让人心悦诚服，对于坚持一己之见、固执自负的人，有时候采用讲故事的方式可能会取得意想不到的效果。

撰写《独立宣言》

美国的《独立宣言》脍炙人口，广为流传，对推动美国的革命起到了巨大的作用，与独立战争一样，永载史册。此文出自才华横溢的杰斐逊之手，杰斐逊对自己的文笔颇为自负，认为自己写出来的东西无可挑剔，往往动一字就像割掉他身上的一块肉一样。富兰克林是美国独立运动的领导者之一，是起草这个文件的负责人，他是杰斐逊的密友，深知杰斐逊的性格，一方面觉得《独立宣言》的草稿必须修改，另一方面又不想引起杰斐逊的不快，于是他巧妙地向杰斐逊讲述了一个故事：有一个青年人开了一家帽店，他拟了一块招牌，上写“约翰·汤姆森帽店，制作并现金出售各式礼帽”，还在招牌下面画了一顶帽子。他觉得这块招牌很醒目，扬扬得意地等着朋友们的赞赏。但他的朋友们不以为然，一个朋友说“帽店”一词与后面的“出售各种礼帽”语义重复，可以删去。一个朋友认为“制作”一词可以省略，因为顾客只要帽子式样称心、价格公道、质量上乘自然会买，至于是谁制作，他们并不关心，再说约翰并非久负盛名的制帽匠，人们更不会注意。又一个朋友认为“现金”两字纯属多余，一般到商店购物，都是用现金购物的。经过几次修改，招牌只剩下“约翰·汤姆森，出售各式礼帽”的字样和那顶礼帽的图案了。尽管这样，还有一个朋友不满意，他认为帽子绝不会白送，“出售”二字可以删去，还有“各式礼帽”与图案也重复了，可以不要。经过删改，只有“约翰·汤姆森”的名字和那个图案了。几经修改，招牌变得十分简洁明了，因而也就更加醒目，年轻的帽店店主非常感激朋友们的宝贵意见。杰斐逊听了这则故事，感觉到稿子是修改出来的，因此广泛听取公众的建议，反复修改《独立宣言》。18 世纪 70 年代初，北美的 13 个殖民地的代表聚集一堂，通过了这个《独立宣言》。

从不允许改动一字，到广泛听取公众修改建议，这是杰斐逊的进步，更是富兰克林的说服起了作用。杰斐逊是个才华横溢而又十分自信的人，说服他可不是件容易的事，但拟写《独立宣言》是那么重大的事，必须臻于完美，达到振聋发聩的效果，所以非得说服他反复修改草稿不可。如果不注意方式方法，即使对方选择妥协，也改不好。可贵的是富兰克林采取讲故事的方式娓娓道来，说服了对方。

讲故事说服别人时要注意以下几点：

1. 选材具有针对性

一般来讲，此法在需要委婉说服或对方顽固不化时采用。应有针对性地选择故事、组织语言，从而让对方喜闻乐见、醍醐灌顶、茅塞顿开。

2. 由远及近，娓娓道来

坚持自己意见的人往往有强烈的防卫心，知道你想说服他会持抵触态度，根本不愿耐心听下去。所以要从远处说开来，对说服的对象只字不提，由对方感兴趣的内容展开话题，对方在轻松、愉悦的氛围中倾听，不知不觉中被你的话感染。

（四）提问法

在说服他人时，和颜悦色的提问往往比严肃命令的效果要好。

“中国肝胆外科之父”吴孟超在96岁高龄时仍坚持每周至少做3台手术。2004年，82岁的他接下一台复杂的肝脏肿瘤切除手术。亲友们担心手术失败会使他的名誉受损，劝他不要做这台手术。他问：“荣誉重要还是人命重要？”“当然是后者”“是呀，我的名誉算什么？救治病人是我的天职。”他说服了自己的亲友，通过整整10个小时的手术，成功为女孩切掉了肿瘤。

一家建筑公司的安全检查员，检查工地上的工人有没有戴安全帽。每当发现工人在工作时不戴安全帽，便用职位上的权威要求工人改正，这使工人们很是不快。等他一离开，工人们便立即把帽子拿掉。后来他决定改变方式。他再看见有工人不戴安全帽时，便问帽子戴在头上是否不舒服，或是帽子尺寸是否合适，并且用愉快的声调提醒工人戴安全帽很重要，然后建议他们最好戴上。这样的效果果然比以前好得多，也没有工人显得不高兴了。

这位安全检查员在反复劝说无效的情况下，通过征询意见的方式让对方感受到自己的关怀，消除了工人们对自己的戒备心理，最终使对方愉快地接受了建议。

（五）激将法

人是有感情的动物，在人际交往中，必须想方设法调动感情的力量，来激发人的积极性，调动其热情和干劲儿。“激将”是一种很好的说服策略。

公元208年，曹操亲率20多万大军南征，江东的孙权摇摆在抗曹与降曹的两种选择之间。听了鲁肃的建议，孙权有意联合刘备对付曹操，这时诸葛亮也与刘备商量联孙抗曹。诸葛亮出使江东鼓动抗曹，在对待江东的最高权威人物孙权时，诸葛亮对准他当时在战与降之间举棋不定的矛盾心态，不但把曹操的实力格外加码地描述了一番，而且一点也不委婉地建议他若不能早下抗曹决心，不如干脆投降。孙权不甘屈辱，立即回敬一句：“诚如君言，刘豫州何不降曹？”诸葛亮抓住这个话茬，毫不犹豫地抛出一枚令对方难以承受的重磅炸弹：“昔田横，齐之壮士耳，犹守义不辱。况刘豫州王室之胄，英才盖世，众士仰慕。——事之不济，此乃天也，又安能屈处人下乎！”诸葛亮故意贬孙尊刘，为的是挑起孙权的好胜心。这既是对孙权的强大刺激，也是对孙权的有力鞭策，被触犯了尊严的孙权终于决定联刘抗曹。

（六）减压法

布朗在请心理学家维纳格写作时，就巧妙地运用了减压技巧，成功地说服了对方。

布朗策划了一本以《攻心术》为题的书，并约心理学家维纳格来写。对于从未有过写书经验的维纳格，这的确是一件难以办到的苦差事，想要推辞。见维纳格面露难色，布朗语气轻松地笑着说：“怎么样？题目还不错吧？马上动手写吧！300页左右就可以了，你一天写5页左右就行！”经他这么一说，维纳格忽然感到肩上的负担轻多了，觉得两个月后交稿也并非不可能。但等他实际动起手来，才发现一天5页的定额是够高了，不过既然已经答应下来，就不能再往后拖了。

维纳格尽管是心理学专家，但还是被布朗说动了。因为布朗的话具有减压效果，很容易就让维纳格感到轻松，立即答应了布朗的要求。

（七）求同存异法

如果对方反对你的提议是因为他坚持自己的想法且他的看法确有可取之处，此时最好的办法是求同存异、取长补短。

某推销员见邻居主妇正在用一台很旧的洗衣机洗衣服说：“这真是一台令人怀旧的洗衣机啊，因为很耐用，所以对您有很大的帮助。”主妇听了很高兴：“是啊，这是真的。我家这台洗衣机用了很久，质量真的很不错，虽然它旧了点。”推销员说：“那您考虑换台新的吗？我们店里刚好进了这个牌子的新洗衣机，您若有兴趣，我可以给您一份宣传资料看看。”没过几天，主妇去店里换了一台同品牌的新款洗衣机。

推销员之所以成功是因为他找到新旧产品的共同点，并用新产品的长处弥补了主妇旧洗衣机的不足。

著名演说家卡耐基曾经告诫人们：“与人交谈，要让对方接受自己的观点，不要先讨论双方意见不一致的问题，而要先强调，并且反复强调你们一致的事情。让对方一开始就说‘是’‘对的’，而不要让对方一开始就说‘不’。”当人说“是”时，他是放松的，比较容易接受他人的意见，至少不会轻易地反对，而会先权衡，而且一旦“是”字说出口，他也不会轻易否定了。

课堂训练

1. 某同学在食堂用午餐时，欲将剩饭菜倒掉，值班的学生会干部忙上前说服要注意细节、节约粮食。请据此情境设计两人的对话。

2. 有一个小女孩，把她的小狗贝贝带进了一家严禁携带小狗入内的商场。当小女孩突然看到墙上“严禁携带小狗入内”的警示牌时，便乖乖地站好，紧张地看着迎面走来的商场保安。保安笑眯眯地问她：“啊，多么可爱的小狗，它叫什么名字？”小女孩轻轻地回答：“它叫贝贝。”保安应怎样说服小女孩不要将小狗带进商场呢？

3. 一位顾客坐在一家高级餐馆的桌旁，把餐巾系在脖子上。经理对服务员说：“你让这位绅士懂得那样做不雅观，但话要讲得尽量委婉些。”服务员应怎样委婉地说服这位顾客呢？

4. 李小丽同学唱歌很不错，老师和同学们想让她代表本班参加学院的卡拉OK比赛，性格内向的小丽犹豫不决，请你试着分别运用激将法、减压法说服她。

5. 明朝初年，有一天，告老还乡的李尚书接到一道圣旨，皇帝要他进贡公鸡蛋。原来李尚书在朝时得罪过几个小人，他们在皇帝面前搬弄是非，说李家的公鸡会下蛋。李尚书非常着急，他的学生解缙说："老师不要为难，我替你去进贡公鸡蛋。"李尚书无法，只好让他前往。解缙进宫拜见皇帝，皇帝问："你的老师怎么没来呀?"解缙是怎样巧妙地运用比喻回答皇帝，最终说服皇帝打消了让李尚书进贡公鸡蛋的念头的呢?

练习

1. 请用减压技巧法或激将法说服舍友对宿舍进行一番大扫除。

2. 炎热的夏日里，一群工人在工作时间里坐在有空调的休息室里休息，请你以车间主任的身份说服他们抓紧时间工作，以保证如期完成生产任务。

相关链接

说服的技巧

鲁迅先生说："如果有人提议在房子墙壁上开个窗口，势必会遭到众人的反对，窗口肯定开不成。可是如果提议把房顶扒掉，众人则会相应退让，同意开个窗口。"当提议"把房顶扒掉"时，"称重物"变大了，对方心中的"秤砣"相对就轻了，对于之前"墙壁上开个窗口"这个劝说目标，就会顺利答应了。这就好比你想让对方接受"一盆温水"，为了不使他拒绝，不妨先让他试试"冷水"的滋味，再将"温水"端上，如此他就会欣然接受了。

老陈、老时是一家大型化工厂的谈判高手，这对黄金搭档一出马，几乎没有谈不成的业务。原来，他二人十分擅长运用冷热水效应去说服洽谈方。老陈总是提出苛刻的要求，令对方惊惶失措、灰心丧气、一筹莫展。当对方感到"山穷水尽疑无路"时，老时出场了，他提出了一个折中的方案，当然这个方案也就是他们谈判的目标方案。

面对这个"柳暗花明又一村"，洽谈方愉快地签订了合同。在这种阵势面前，就是该方案中有一些不利于洽谈方的条件，对方也会认为折中方案可以接受。预设的苛刻条件使得对方毫不犹豫地同意了那个折中的方案。这种谈判技巧，在经商洽谈中可以发挥巨大作用。

将心比心

比尔·安德鲁是个笨拙的傻大个儿，一身衣服总是邋邋遢遢地不合身，几个工人总喜欢捉弄他。有一次，他们发现比尔衬衣袖子破了个口子，便故意把它扯大，这人扯一下，那人扯一下，一块布条很快从袖子上垂了下来。比尔毫无觉察地照常工作，当他从传送带旁走过时，破布条卷进机器里，眨眼间他的胳膊也要受伤。好在警报响起，电闸及时拉下避免了一场事故。工长得知此事后，集合全体人员讲了一个故事：

我年轻时在一家小工厂工作，在那里我认识了迈克。迈克身高体壮，脑筋也很灵活，经常搞些恶作剧。彼得是迈克的马仔，总是跟着迈克跑前跑后。还有一个工友名叫杰克，他比我们年纪稍大，是个木讷的老实人。他有些孤僻，从不跟我们一起吃午饭，总是一个人安静地坐在树下，似乎对一切都毫无兴趣。于是，杰克成了理想恶作剧对象，但是好脾气的他从不发火。

有一年秋天，工作很清闲，迈克请了几天假外出打猎，彼得也去了，他们说如果有了收获一定分给每个人。当得知他俩打到了一只很大的鹿，我们都非常兴奋。彼得什么秘密都守不住，很快所有人都知道他俩准备跟杰克开个大玩笑。迈克把鹿分好，给我们每人一份。他把耳朵、尾巴和蹄子都留给了杰克。午休时迈克把礼物发给大家，大家纷纷向他致谢。最大的一包留到了最后，那是为杰克准备的。迈克把礼包推到他面前，我们屏住呼吸等待着。

杰克双手紧紧抓住礼包慢慢站了起来，咧开大嘴冲着迈克笑了笑，我们注意到他眼里闪动着泪光。他的喉结上下动了一阵，终于控制住了情绪。“我知道你不会忘记我的，你喜欢开玩笑，但是我早就知道你心地很好。”他又转向大家，说：“我知道我看起来不太合群，其实我也不想这样。要知道，我有九个孩子，家里还有个病人——我妻子，她已经在床上躺了四年，已经没救了。有时她病情恶化，我就得整夜照料她。我的薪水大部分都用来为她治病，孩子们都很懂事，但是有时候供他们吃饭都成问题。”“也许你们觉得我吃饭时躲开你们很可笑。其实，我是有些害羞。因为有时我的午饭只是几片面包，或者就像今天，饭盒里只有一块甘蓝。我想告诉你们，今天这块肉对我真的很重要，因为，”他用手背擦了擦眼睛，“孩子们今晚可以……”他哽咽得说不下去了。

迈克和彼得同时冲过去想要抢回礼盒，可是杰克已经打开了包装。他仔仔细细地看着每一个蹄子、每一只耳朵，最后拿起了鹿尾巴。

这场面本该非常可笑，但一个笑的人都没有。最令人难过的是杰克抬起头来努力想要挤出笑容的样子。

工长的故事戛然而止。他已经不必多说什么了，因为午饭的时候大家争相把自己的菜分给比尔·安德鲁，还有一个工友把衬衣借给了他。

第二节　反　　驳

在社会生活中，因与他人意见不合，我们常常要运用各种技巧说服他人，也难免受到他人不恰当的批评指责甚至攻击，需要对他人进行反驳。

反驳必须有力，才能令对方哑口无言，这就需要掌握反驳的原则和语言技巧。

一、反驳的基本原则

反驳他人应注意：

（一）要注意倾听

要能够听出对方的弦外之音，作为反驳的依据。

（二）要保持冷静

不要被对方激怒，导致失去理智而口不择言，与对方互相谩骂。

（三）要点到为止

反驳太鲁莽生硬，处理不当，容易起冲突，所以要做到“得饶人处且饶人”，学会委婉含蓄地表达自己的意思，点到为止，把话说得很婉转，让听话之人心领神会，明白你的立场即可。

二、反驳的语言技巧

（一）以其人之道还治其人之身

在日常生活中，遭到直接辱骂或故意侵犯，可“以其人之道还治其人之身”，巧妙地揭露丑恶，回击恶意的挑衅，以解脱窘境。

安徒生十分简朴，曾戴着一顶破帽子在街上行走，有个过路人取笑他：“你脑袋上边那个玩意是什么？能算是帽子吗？”安徒生随即回敬道：“你帽子下面那个玩意是什么？能算是脑袋吗？”敏捷的安徒生这一答话，以其人之道还治其人之身，沿用对方讥笑话的句式来讥笑对方，反唇相讥，讽刺对方的脑袋算不上是脑袋，使对方自讨没趣，无地自容。

某青年素以愚弄他人而自鸣得意。一天，同村的孙大爷过来，便冲他喊：“喂，过来吃点东西吧！”孙大爷连忙应答：“多谢。我已经吃过早饭了。”不料，这青年一本正经地说：“我没叫你，我是在叫你的毛驴呢！”说完便得意地大笑起来。孙大爷以礼相待，却反遭这毛头小子的一顿侮辱，心中好不气愤。只见他抬起右手，“啪啪”打了毛驴两耳光，骂道：“你这蠢货，出门时我问你外面有没有朋友，你说没有，没有怎么人家请你吃东西？”说完又在毛驴屁股上抽了两鞭子：“看你这畜生以后还胡说不胡说！”说完翻身上驴，扬长而去。

那个以愚弄他人为乐的青年目瞪口呆，满脸尴尬。孙大爷巧借小伙子跟毛驴“打招呼”所隐含的信息——以驴为友，来一个“训”驴教友，并用打驴耳光这个戏剧性动作，毫不留情地给小伙子一个严厉的教训，巧妙地回击小伙子：“你才是不懂礼貌的畜生呢!”这种声东击西的反驳方法真是令人叫绝。

以其人之道还治其人之身的反驳方法，其基本原则是当他人不怀好意讥讽自己，甚至对自己进行人格侮辱时，不妨用点到为止的办法回敬他，但回敬时不必大动干戈，满脸怒容。

（二）以退为进，绵里藏针

在反驳时先假装示弱，表面退缩，实则是以退为进，为了更有力地反击，就像拉弓射箭一样，先把手往后拉，目的是更有力地把箭射出去。

古代齐国的晏子出使楚国，因身材矮小，被楚王嘲讽：“难道齐国没有人了吗?”晏子说：“齐国国都大街上的行人，一举袖子能把太阳遮住，流的汗像下雨一样，人们摩肩接踵，怎么会没有人呢?”楚王继续揶揄道：“既然人这么多，怎么派你这样的人出使呢?”晏子回答说：“我们齐王派最有本领的人到最贤明的国君那里，最没出息的人到最差的国君那里。我是齐国最没出息的人，因此被派到楚国来了。”几句话说得楚王面红耳赤，自觉没趣。这个故事中晏子的答话就是采用以退为进之法，貌似贬自己最没出息，所以才被派出使楚国，这是“退”，实则是讥讽楚王的无能，这是“进”，以退为进，绵里藏针，使楚王侮辱晏子不成，反受奚落。

一天，德国大作家歌德，在魏玛公园小路上遇到一个经常同他作对的、傲慢的批评家。两人狭路相逢，批评家昂首叉腰，站在路中央，冲着歌德叫嚷：“我向来没有给蠢货让路的习惯!”歌德连忙让到一旁，笑容可掬地说：“我恰恰相反!”批评家十分尴尬，进退两难。歌德以退为进，巧妙地回敬批评家的无礼，令他哑口无言。

（三）改变词意，巧用谐音

反驳时故意将某一固定词语拆开来解释，赋予原词新奇的意境，或巧用某词语的谐音，化腐朽为神奇，巧妙地回击对方。

有一次，周恩来接见美国记者，有个不怀好意的记者挑衅地问：“总理阁下，你们中国人为什么把人走的路叫马路呢?”周恩来总理听了，很自豪地回答说：“我们中国走的是马克思主义之路，简称为马路。”那个记者听后哑口无言，一副窘态。

周总理这一妙答，为“马路”一词创造了一种新奇的解释，既维护了中国人的尊严，又巧妙地回击了那个美国记者。

（四）不卑不亢，流露真情

面对他人的斥责或攻击，还可以用真诚、坦率的话语反驳对方，赢得对方尊重。

美国前总统林肯出生于鞋匠家庭，当时的美国，门第很重要。林肯在参加竞选美国总统的演讲前，遭到一位参议员的侮辱：“林肯先生，在你开始演讲之前，我希望你记住，你只是一个鞋匠的儿子。”那位参议员的目的很明显，打击林肯的自尊心，让他退出总统竞选。在场的人听了这样无礼的话都沉默了，静静地看着林肯，不知道他会用什么样的话来回击这个无礼的参议员。林肯不慌不忙地对那位参议员说："我非常感谢你，真的，你使我想起了我尊敬的父亲，他现在已去世了。我一定会记住你的忠告，可是我知道我做总统无法像我父亲做鞋匠那样做得好。"人们都松了一口气，不约而同地为林肯鼓掌。林肯接着说："据我所知，我父亲以前为你的家人做过鞋子，如果他们的鞋子不合脚，我可以帮他们修理。虽然我不是伟大的鞋匠，但是我从小就跟我父亲学习过修理鞋子的技术，我完全可以满足他们的要求。"林肯又对所有的议员说："在座的各位参议员，如果你们穿的鞋子是我父亲做的，而它们需要修理或改善的话，我一定尽可能帮忙。但是有一件事是肯定的，我无法像他那么伟大，他的手艺无人能及。"说到这里，林肯流下了深情的眼泪，人们对他报以热烈的掌声。

林肯在受到对手的侮辱时，没有怒不可遏，而是不卑不亢，先是肯定了对方的话，然后以自己的真情流露赢得了他人的尊重，包括侮辱他的对手。在人际交往中，这样通过流露真情来反驳对方，往往能够以情感人，赢得对方的尊重与肯定，甚至能消除对方的偏见。

（五）事实胜于雄辩

事情的真实情况比强有力的辩论更有说服力。有时，面对他人的指责或偏见，我们不是一两句话就可以说得清楚的，最简单的办法就是公布事实的真相，这是对指责最好的反驳。

法国著名科幻小说家儒勒·凡尔纳著作丰富，仅小说就有 104 部。有的人觉得一个人不可能写出这么多作品，于是传言他有一个写作公司，公司里有很多作者和科学家，凡尔纳只不过是占有了别人的劳动成果罢了。很多人听信这种传言，有一个记者就此采访了凡尔纳。凡尔纳微笑着把记者领进自己的工作室，说："这就是我的写作公司。"又指着一排排柜子说："公司的全部工作人员都在这些柜子里，请你参观一下吧。"他一一打开柜子，柜子里分门别类地放满了科技资料卡片。凡尔纳用事实反驳了诬陷他的人。

有人谣传说麦当劳的汉堡包所使用的肉里混有蚯蚓，麦当劳连锁店冷静地从经济学角度进行反驳：蚯蚓要比牛肉贵 4 倍。

改变一个人对一件事的偏见，首先要找到与他观念相悖的事实，自然而然地引入这个事实，在时机成熟时阐述它，让事实说话，这会使说话的声音更有力。

课堂训练

1. 有一次，美国著名小说家马克·吐温和一位夫人面对面坐着。出于礼貌，马克·吐温对这位妇人说："夫人，您真漂亮！"夫人傲慢地说："可惜我实在无法同样赞美你。"马克·吐温如何幽默地反驳这位无礼的夫人，使她自讨没趣呢？

2. 有个顾客在商店里抽烟，售货员提醒他商店里不允许吸烟。顾客不听："店里不允许抽烟，那商店里为什么还要卖烟？"请你代售货员对这位顾客进行反驳。

3. 小刘在证券公司上班，他的好友小李是一个银行职员。有一次，两人在另一个朋友家不期而遇，喜欢训人的小李先发制人，向小刘发起攻击："我说老伙计，你真有点不够朋友啊！"小刘一头雾水："此话怎讲？"小李说："兄弟我炒股票好几年了，赔的多赚的少。你不是在证券公司上班吗？完全有能力给我透露点内部消息，可是你从来没有这样做过，这难道够朋友吗？"小刘答道："照兄弟这么说，那你是更加不够朋友喽。"小李诧异："我怎么啦？"小刘："……"

小刘怎样用"以其人之道还治其人之身"的技巧对小李的指责进行巧妙的反驳呢？

练习

1. 简述反驳的基本原则和语言技巧。

2. 早晨，一位老农妇牵着两头驴去集市，与两位骑着马的贵族青年不期而遇。两位贵族嫌农妇挡了自己的道，其中一位说："你早，驴的母亲！"请你代农妇巧妙地对贵族青年的侮辱进行反驳。

相关链接

怎样从容地面对指责

在生活中，遭到别人的指责和抱怨的事常可碰到。遭到别人的指责和抱怨是一件极不愉快的事，有时会使人觉得很尴尬，尤其是在大庭广众面前受到指责，有时更是不堪忍受。但从提高一个人的处世修养的角度讲，无论你遇到哪种情况的指责，都应该从容不迫、泰然处之。为摆脱指责的尴尬局面，你不妨试试以下建议：

1. 保持冷静。被人指责总是令人不愉快的，面对使你十分难堪的指责时，你要保持冷静，最好暂时能忍住并做出乐于倾听的表示。不管你是否赞同，都要待听完后再分辩。因对方的一两句刺耳的话就按捺不住激动起来，不仅解决不了问题，还易将问题扩大化。

2. 让对方亮明观点。有些指责者在指责别人时，往往似是而非、含糊其词，结果使人不知所云。这时，你可向对方提出讲清问题的要求，态度要和气，如"我到底干了什么傻事把您气成这样？"以便搞清对方究竟指责和抱怨你什么。这一策略往往能有效地制止指责者对你的攻击，并能将原来的攻防关系转变为彼此探讨、互相尊重的关系，使双方把注意力转向共同感兴趣的问题。

3. 消除对方的怒气。受到指责，特别是在你确实有责任时，你不妨认真倾听或表示同意对方对你的看法，不要计较对方的态度好坏，这样，对方指责完毕气也消了一半。即使当你确信对方的指责纯属无稽之谈时，也可认为对方的指责是可以理解的。这会使对方无力再对你进行攻击。相反，你却可以获得更多的机会和时间进行解释，从而消释对方的怒气，使隔膜、猜疑、埋怨和互不信任的问题得以化解。

4. 平静地给恶意中伤者以回击。也许，大多数指责者并不是出于恶意而指责。但是，在现实生活中，确有极少数人为了其个人目的而对他人进行恶意中伤。对于这样的寻衅挑战者，我们应该坚定地表示自己的态度，不能迁就忍耐，更不能宽容而不予回击，但应注意态度，以柔克刚。这样，会使你显得更有气魄，更有力量。

吴仪妙语应对诘难

在人际交往中，我们有时会遇到他人带有攻击性的话语，如果处理不当，会使自己陷入尴尬难堪的困境。当别人故意向你挑衅时，我们先要冷静地去听，然后抓住对方话语中的漏洞，针锋相对，反过来刺激一下对方，让对方狂妄的气焰有所收敛，感受到你不可侵犯的尊严，这样才能化去尴尬，走出困境。

吴仪任外经贸部部长时，有一次率团去美国参加中美知识产权谈判。美方财大气粗，摆出一副盛气凌人的架势，他们抓住中国市场上极少数人的侵权行为，小题大做，企图贬低中国。双方刚一见面，美方代表就给中国代表团一个下马威："我们是在和小偷谈判！"此语一出，场上的气氛立即紧张起来，人们都看着吴仪，都担心谈判难以顺利地进行下去。面对对方的无礼和挑衅，吴仪从容不迫地回敬道："今天，我们不远万里前来，竟是和强盗在谈判！请看你们博物馆里的东西，有多少是从中国抢来的！"话音刚落，中方人员的脸上都露出敬佩的笑容，对方代表无言以对，谈判的气氛才缓和下来。

吴仪的回敬是坚决而得体的。她没有就是不是"小偷"的问题直接回击，而是"礼尚往来"，抓住美方历史上曾经掠夺中国大量财物的事实，巧妙回击。意思十分清楚：你们以偏概全，诬蔑我们是"小偷"，是荒唐的；我们追溯历史，认定你们是"强盗"，却是铁证如山。一语击中要害，把对方的嚣张气焰压下去，维护了祖国的尊严，但语调是心平气和的，达到了反击的目的，也促进了谈判的正常开展。

第三节　拒　　绝

生活中，难免遇到这样的烦恼：有人对你提出不合情理的请求，你很为难，却不知如何拒绝。

例如，小郭为人热心，对他人的求助总是有求必应，哪怕是超出了自己能力范围的事，他也会硬着头皮答应下来，弄得自己疲惫不堪。然而，当他没能帮上忙时，换来的是他人对自己的责备。小郭因不会拒绝而深感苦恼。

一、拒绝的基本原则

拒绝总是令人遗憾甚至不快，想把拒绝可能带来的不良影响降到最低，可遵循以下原则：

（一）注意倾听

在决定拒绝对方前，要注意倾听他的话，避免让人觉得你是在应付他。

（二）提出建议或意见

在拒绝他人的同时，针对他的情况，提出一些值得他采用的建议或意见，令对方感觉到你的真诚。

小何和小高是一对情侣，小何约小高周末去看电影，不巧小高要加班，小何有点生气，小高满脸歉意地说："我也挺难过的。这样吧，既然明天不能陪你看电影，不如今天晚上我们一起去吃火锅，然后再去看电影，明天你请闺密陪你逛街。怎么样？"小何开心地笑了。

二、拒绝的语言技巧

（一）直截了当地拒绝

有些人在拒绝对方时，因为感到不好意思，而不敢据实说明，模棱两可的话语往往容易引起对方误会，影响双方的沟通。在拒绝他人时，可明快而率直地说明实情，语气温和、诚恳，含着歉意。如遇推销员推销产品，可说："我已有类似产品了，谢谢您。"

（二）委婉地拒绝

当我们不方便直截了当地拒绝时，就可使用委婉的拒绝方式。

1. 诱导否定法

对对方提出的要求，不急于回答，而采取迂回战术，先提出一些条件或发出一个问题使对方自我否定，从而自动放弃原来的要求。

记者问美国著名外交家基辛格："你们有多少潜艇导弹在配置分导式多弹头？"基辛格

说："我的苦处是数目我是知道的，但不知道是不是保密。"记者说："不是保密的。""不是保密的吗？那你说是多少？"记者愣了一下，笑了。

2. 预埋伏笔法

对对方的要求，先不拒绝，而是充分阐明不利因素，埋下伏笔，让对方有足够的思想准备，再在适当的时候，用恰当的方法加以拒绝。如有人托你介绍一份工作，你无法办到，你可以这样回答："你的学历没有达到规定的要求，何况名额少，竞争激烈，难度较大。不过，我会尽力争取的，但你不要抱太大的希望。"其中没达到学历、名额太少、竞争激烈等充分展示了对方的不利条件，为拒绝对方埋下了伏笔。

3. 拖延法

对一些不便于立即回绝的请求可用拖延的办法加以拒绝。如："这事还得请示领导后才能答复你。""这个问题我还真没考虑过，你是不是给我一点时间，让我想一想？""真不巧，我们主管这项工作的领导出差了，大约半个月后才能回来。"通过拖延时间，可以使对方的请求变得不再迫切。

4. 借口法

对对方的要求，寻找一个合适的借口，委婉地加以拒绝。如有人邀你看电影，你不想与其同往，你可以说："这确实是一部好片子，我也很想看。但我有很多工作要做，所以只能忍痛割爱了。"这样说不会使邀约者失落。

5. 暗示法

有些求人的人，由于种种原因，不好意思直接开口，喜欢用暗示来投石问路。这时可用暗示来拒绝。

两个打工的老乡，找到在城里工作的李某，诉说打工之艰难，一再说住店住不起，租房又没有合适的。言外之意是要借宿。李某听后马上暗示说："是啊，城里比不了咱们乡下，住房可紧了。就拿我来说吧，两间屋住着三代人。我那上高中的儿子，没办法晚上只得睡沙发。你们大老远地来看我，本该留你们在我家好好地住上几天的，可是……"两位老乡听后，就非常知趣地走了。李某在摆出了自己的切身困难后，点到为止，委婉地拒绝了老乡，维护了老乡的面子。

6. 转移话题法

对方提出的要求一时难以回绝时，可以采用转移话题、答非所问等方式来拒绝。

有个军人被陷害，幸好遇到了公正无私的托马斯·莫尔爵士，才保住清白。事后军人来爵士家道谢，并献上一个价值连城的宝石酒杯。当时莫尔爵士正在吃饭，他立刻在酒杯里斟满酒说："为您的健康干杯。"举杯一饮而尽，然后又自然而然地把酒杯递还给了军人。莫尔爵士通过请军人喝酒巧妙地转移了话题，婉拒了他的厚礼，避免了让军人尴尬。

7. 比喻法

著名学者钱钟书是20世纪我国最杰出的学者之一，他精通英文、法文、德文、意大利文及西班牙文、拉丁文。他和夫人杨绛一生淡泊名利，吃穿住行极为简朴。一位慕名而来的外国女记者几次想要采访钱先生，钱先生在电话里对她说："假如你吃了一个鸡蛋，觉得味道还不错，何必要去看那只下蛋的母鸡？"钱钟书先生巧妙地将自己比作下蛋母鸡，将自己的作品比作鸡蛋，风趣幽默地拒绝了外国女记者的采访要求，他的幽默机智，让人在忍俊不禁之后，感到回味无穷。

总之，遭到拒绝的人总归是不愉快的。但若采用委婉拒绝，则能把这种不愉快降到最低，使双方关系进入柳暗花明的新境界。

课堂训练

1. 你正在公交车站台候车，一位陌生男子想借你的手机打电话，请你巧妙地拒绝他。

2. 你和妈妈一起上街，看到一双很漂亮的运动鞋，很想买。你妈妈委婉地拒绝了你的要求。请设计妈妈的回答。

练习

1. 某同学邀请你通宵上网打游戏，请设计一段话拒绝他。

2. 还有一星期就要期中考试了，同桌数学不好，希望你能在考试时"帮助"他。请你得体地拒绝他的要求。

相关链接

说"不"其实并不难

不懂得适时拒绝他人的请托，是工作、生活压力大的来源之一。为了要取悦别人，我们往往会忽视自己真正的想法，进而导致工作步调大乱，并且容易赔上心情，也赔上健康。所以，若想要成为快乐有效率的上班族，就必须学习说"不"的艺术。

一般人不愿意拒绝，主要源于两个错误的心态：一是误把"拒绝请托"当成"拒绝请托人"。事实上，两者有着极大的分别，当我们拒绝一个工作时，并不代表我们就拒绝了与对方的人际情谊，只要表达得宜，你绝对可以把"不"说得对事不对人。二是低估了对方接受"不"的能力。其实你想太多了，绝大部分的人都比想象中的来得坚强，能够接受一个传达合宜的“不”。一个人真诚的表达，往往可以减少相互之间的猜忌，加深彼此的感情。所以别担心，许多人开口只是要个答案，你说“不”他就会转而他求，不至于那么轻易就受到伤害。

一、怎么说“不”

1. 简单而直接的“不”：“不，我不想（不要、不做、不去）……”

适用状况：别人恶意地想把他的问题推诿到你身上。虽然你无须道歉，但说的时候态度仍要温和。

2. 了解的“不”：“我知道这个工作很紧急，但是很抱歉，我真的无法帮忙。”

适用状况：表达自己了解对方想法，接着表示坚定的拒绝，并且不愿意讨价还价。

3. 解释的“不”：“很抱歉，我无法帮你，因为我今天晚上已经有重要的约会了。”

适用状况：提供原因及说明，以表示自己爱莫能助的心意。最适用于你想帮却真正有困难时。

4. 询问的“不”：“很抱歉，我现在无法帮忙，你有别的时间吗?”

适用状况：传达自己有帮忙的诚意，并积极寻求替代方案，以帮助对方达成任务。

5. 提案的“不”：“我现在不能去，但是明天早上就可以，这样好吗?”

适用状况：适合在你真的可以完成允诺的情况下使用，否则只会赔上信用，更会耽误别人的事。

6. 重复的“不”：重复不断地表达同一想法：“不行，我无法帮忙……”

适用状况：当对方纠缠不休时，你可以用和缓但坚定的语气，重复说着同一句话，以表示自己坚定的决心。

二、用语气为“不”加分

也许你看到这，还是有些担忧如此明确而果决地说不，会不会毁了自己的人际关系。

别担心，事实上在人际沟通中，重要的不是你说了些什么，而是你怎么说。只要能够将说话的语气拿捏合宜，对方的接受度就会大为提高，避免误会的产生。

一起来看看说“不”的技巧吧！

1. 语意简短

简短扼要会帮果决度加分，啰啰唆唆的解释往往传递了心虚或心意不坚。

2. 语调温和有礼

你绝对不必臭着张脸说不，才能表示自己的决心。事实上，应该放慢说话的速度，态度客气和蔼，并且语调平缓轻轻地说出来。

3. 谢谢对方的善意

最后别忘了对对方的善意加以肯定，例如：“不管如何，还是很谢谢你想到我，也许下次再一起……（聚聚、合作）”

最令人欣赏的同事，仍是有团队精神、助人为乐的人。因此在学会说不之后，如果你从今开始就决定事事皆不，那也不行。

当你能果决自在地对别人的请求说“不”，也就学会了向自己的快乐说“是”。

第七章　劝慰、道歉与道谢

第一节　劝　　慰

当同事、朋友、亲属遇到了麻烦，遭到了不幸时，我们应伸出援助之手，努力为他们排忧解难，给予他们安慰鼓励。这是为人处世的一种美德。要使我们的劝慰收到实效，应遵循劝慰的基本要求，掌握劝慰的语言技巧。

一、劝慰的基本要求

（一）要同情，不要怜悯

劝慰的忌讳是怜悯，怜悯不是平等的思想感情交流。你越表示怜悯，越增加被劝慰者的痛苦与不幸。怜悯其实是对不幸者的感情施舍，这会伤害不幸者的自尊心，引起他们的反感，从而拒绝我们的劝慰，也会使他们更加心灰意懒、无法振作。因而，对遭到挫折和不幸的人，我们应用同理心给予其同情，分担、减轻其痛苦。

（二）要鼓励，不要埋怨

挫折和不幸容易使人灰心丧气，消极埋怨会使不幸者更加悲观伤心，个别情感脆弱者甚至会因此酿成悲剧。鼓励是对劝慰者最好的同情，是一种积极的安慰。因而，劝慰时应注重给予被劝慰者充分的鼓励，使他们看到前程的光明，这是使他们摆脱苦恼的根本途径。

著名作家陈忠实从小就有从大学中文系到职业作家的绚丽规划，然而，命运和他开了一个玩笑。1955 年，他的哥哥要考师范了，但是，父亲靠卖树的微薄收入根本无法供兄弟俩一起读书，父亲只好让年幼的他先休学一年，让哥哥考上师范后他再去读书。就是这停滞的一年，他和哥哥的命运，一个天上，一个地下。哥哥考上师范的第二年高校招生大幅减少，陈忠实所在年级的 4 个班考上大学的人数是个位数。结果，成绩在班上排前三的他名落孙山。高考结束后他经历了青春岁月中最痛苦的两个月，记不清多少个深夜，他从用烂木头搭成的临时床上惊叫着跌到床下。沉默寡言的父亲开始担心儿子“考不上大学，再弄个精神病怎么办”，就问他：“你知道水是怎么流进大山的吗？”他茫然地摇摇头。父亲缓缓说道：“水遇上大山，碰撞一次后，不能冲垮大山，不能越过它，就学会转弯，绕道而行，借势取径。记住，困难的旁边就是山路，是机遇，是希望！”父亲又说：“即便流动过程中遇见了深潭，即便暂时遇到了困难，只要不忘流淌，不断积蓄活水，就一定能够找到出口，柳暗花明。”一语惊醒梦中人。当年，陈忠实在西安郊区毛西公社蒋村小学任教。1964 年，调入中学任教。后来，又历任文化馆副馆长、馆长。1982 年，他终于“流出”大山，进入陕西省作家协会工作。1992 年，正是这 30 年农村生活的积累，使他写出了大气磅礴、颇具史诗感的长篇小说《白鹿原》。

陈忠实在遭遇人生第一个重大打击时，他的父亲用平实而富有人生哲理的朴素语言劝慰他，将人生比作流水，鼓励儿子学习水的精神，不懈努力，不断战胜困难，走向成功。正是这份鼓励给了陈忠实勇气和力量，在生活的海洋里无惧无畏，奋勇前行，终于实现了自己的梦想。

（三）要安抚，不要训斥

训斥只会使遭遇挫折、不幸的人更加悲观失望、悔恨、内疚，不利于他们走出失败、不幸的阴影；安抚则能减轻其心理压力和痛苦，能使人放心、宽心。

劝慰一位误认为领导对他有偏见的人，你不妨从旁观者的角度，拿出有说服力的事实，使他认识到领导对他并没有偏见。如果收到了这样的效果，那对他来说就是最好不过的慰藉。

对于在生活或工作中因遇到挫折或困难而情绪低落的人，有时不妨用轻松幽默的话语开导他，使他快乐起来。崔赫总是说，同事中最快乐的人是孙萍，她的脸上总是挂着孩子般灿烂的笑容，有一颗不老的童心。一天，孙萍见崔赫忧心忡忡，就打趣地问：“小崔哥哥，有什么不开心吗？”崔赫不知从何说起，只是一声叹息。她问：“你以前上班骑自行车吧？”崔赫说：“骑，刮沙尘暴都骑。”“挣的钱也没有现在多吧？”“当然。”孙萍笑着，一脸的阳光：“好日子过着，还有什么不快乐呢？”只几句话，崔赫感到了轻松。

（四）要选择适当的时机

当一个人的情绪处于失控状态时，任何人的劝慰都无济于事，应等他冷静下来后再进行劝慰。当他冷静下来，恢复了理智，愿意与你交谈的时候，先用一些不涉及“风波”的语言与他交谈，待时机成熟，再转入正题，分析问题的原因，给予适当的安慰和鼓励。到了这种时候，在失恋的人面前就可以说“天涯何处无芳草”“有情还怕没知音吗”，在失败者面前，可以说“失败乃成功之母”“失败几次有什么了不起的，真正的强者是不会被失败击垮的”之类的话，此时被劝者会觉得你的话顺耳多了。

二、劝慰的语言技巧

（一）劝慰病人

人在生病后，往往思绪烦乱，情绪波动大，尤其是患重病住医院的病人，更会顾虑重重，感到寂寞、孤独和愁闷。病人家属也会胡思乱想、六神无主。亲朋好友如何安慰病人和病人家属呢？

1. 要“报喜不报忧”

尽量多谈一些使病人和家属感到愉快、宽慰的内容，让病人精神放松，早日恢复健康，绝不能把有可能增加对方忧虑和不安的消息带去，还要避免谈论可能刺激对方或对方忌讳的话题。

张经理住院，公司员工去探望。小王关心地说：“经理，您得了什么病？什么时候能治好？”张经理说：“急性肝炎，几天就好了。”小王却说：“经理，您可得留神啊，急性肝炎治不好就会转变成慢性肝炎，再不重视还会导致肝癌呢！”小高忙打断：“经理，别听她胡说，小毛病，很快就好了。”小王却大声说：“你们不信啊？我们对门的王大爷就是急性肝炎没治好，最后得肝癌去世的。”张经理生气地说：“你是不是盼着我得肝癌啊？”小王这样说话非常不妥。见到病人及其家属后，可以先讲述一些直观印象，如“你的气色不错”“你的精神很好”，还可多讲与病情无关的内容，如单位里、家庭里的事情，甚至国内外的重大消息，尽可能地分散病人对疾病的注意力。

然而，病人及其家属总要对探病者讲讲病人的病情。这时，探病者应该认真聆听，并从中发现一些对病人有利的因素，以便接过话题，对病人及其家属进行安慰。例如，病人说“胃口不错”，探望者就可以多讲些胃口好对战胜疾病的重要作用，使病人认同这是个有利条件，从而增强战胜疾病的信心。

2. 要掌握情况，有的放矢

有的病人对自己战胜病魔缺乏信心，这时应该多介绍一些别人得过同类的病而经过治疗很快痊愈的事例，这样可以减少或消除病人及其家属的疑虑。有的慢性病患者由于病休时间较长，容易产生急躁情绪，对此，要多给病人讲些“既来之，则安之”的道理，并劝慰病人安心休息。有的病人或家属可能较多地考虑经济负担等实际问题，对此则应该劝他们着眼健康，注意调养，不要急于上班，并建议他们与工作单位联系，适当争取补助之类。掌握情况，除了对病人的病情、思想状况和实际困难有所了解之外，还包括掌握有关疾病的医药卫生知识，使自己与病人及其家属有更多的共同语言，增强对方对自己的信任感，从而收到更好的效果。

3. 与医生、家属口径保持一致

探望病人时说话一定要慎重，许多话不能随便说。对病人，特别是身患严重疾病的病人，医务人员及家属为了更好地取得医疗效果，常常会对病人采取隐瞒某些病情的做法。实践证明，采取这类措施对那些比较敏感而又缺乏自控能力的病人具有一定的效果。当探望这样的病人时，不仅应该尊重医嘱、尊重病人家属的意愿，做到守口如瓶，而且在病人面前还要做到若无其事，甚至与之谈笑风生，显得轻松愉快。

一个年轻的建筑工人在高空作业时不慎摔伤，处于昏迷状态。患者在医院里苏醒后，觉得下肢不听使唤，怀疑自己将终身残疾，萌生了轻生的念头。患者的一个朋友发现患者这一思想苗头后及时鼓励他说：“你年轻力壮，生理机能强，新陈代谢旺盛。只要你积极配合治疗，日后加强锻炼，肯定不会残废，这可是你的主治医生说的，你得加把劲，不许偷懒！”短短几句鼓励的话，使患者放下了轻生的念头，增强了治疗的信心。

在劝慰病人的家属时要善于控制自己的感情，尤其在危重病人面前，绝对不能流露出自己的悲伤情绪，一定要表现得镇静自若。

（二）劝慰被人歧视或受委屈者

劝慰被人歧视或受委屈者，应该帮助他认清自己的优势，可以多讲一些成功人士受到别人歧视、遭受委屈时不懈努力的事例，增强其自信心。小关是职场新人，一天，她应同事的请求替代其完成工作，结果因数据错误被公司领导严厉批评。她深感委屈，担心因此影响自己的职场前途。好友小安耐心地听完她的哭诉，说：“聪明的人应第一时间解决问题，把损失降到最低。你是新员工，工作难免出错，这不可怕，关键是你得知错认错。你做事一向认真，这次出错也是一个教训呀，以后工作要更仔细些。不过，你还需要丢掉你的一点点娇气哦。”小关破涕为笑，表示会振作起来，并立即写检讨书，准备第二天一上班就去向公司领导认错。

一天，由于堵车，小韩到机场接客户时迟到了几分钟，公司王经理当着客户的面严厉批评了她，小韩气呼呼地回到了公司。办公室方主任见她满脸怒气，关心地问：“谁把我们韩妹妹惹生气了？瞧，嘟着嘴多不好看啊。有什么不开心的事和我说说。”小韩向方主任讲述了事情的经过，委屈地说：“方主任，我工作努力、尽职尽责，却总是被王经理批评，今天他居然当着客户的面斥责我，我实在是受不了了。他肯定是看我不是名牌大学毕业的瞧不起我！”方主任倒了一杯咖啡递给小韩，微笑着说：“喝杯咖啡减减压。小韩啊，你的感受我能理解，换了我是你，也会因为在客人面前丢了面子大为恼火。但大家都是为了工作，并没有私怨在其中，对吗？想当初，我刚来公司的时候，王经理对我要求也很严格，我一做错事就要被责备，好几次都被他骂哭了。但你知道我现在最感谢的人是谁吗？就是王经理啊，正是他对我严格要求、悉心栽培，我的工作能力和业绩才有了提高。你工作努力、尽心尽责，我们都看在眼里，他批评你不是看不起你，是要督促你把工作做得更好。以后呢，你工作时再细心踏实些，下次接客户多提前一些时间去……快别生气了，生气就不可爱了。”话音未落，两人同时笑了起来。小韩感动地握着方主任的手说：“谢谢方主任，等一会儿我去向王经理道歉，以后一定更加认真努力地工作。”

方主任对小韩的委屈表示理解，用自己的经历现身说法，鼓励她正确面对领导的批评，继续努力工作，起到了很好的劝慰效果。

（三）劝慰遭受挫折或失败的人

劝慰这类人时，劝慰者应帮助他总结失败的教训，分析面临的有利和不利条件，找到重新站起来的方法。

中考失利后，宋彪整日闷闷不乐地宅在家里。父亲看在眼里，急在心里。一天，父亲和他聊了很久。宋彪从父亲口中知道了父母在外打工的艰辛，感受到了父母对自己的爱，知道父母希望他做一个有责任、有担当、能对社会有贡献的人，至少要能凭劳动养活自己和家人。父亲说：“儿子，我知道你中考没考好很难过。但是你要知道，考不上高中不代表自己一无是处。你从小动手能力很强，我觉得你可以发挥这个优势去学一门技术，同样也能成才！”在父亲的鼓励下，宋彪经多方了解，选择到江苏省常州技师学院学习模具设计与制造专业，并下定决心好好学习。通过不断努力，两年后他获得了第44届世界技能大赛工业装调项目的金牌，并成为中国首位阿尔伯特大奖获得者。父亲的劝慰让宋彪深刻理解了“有付出才可能有收获，没有努力哪来成功”的道理，重新振作起来找到了适合自己的道路。

（四）劝慰逝者的亲朋好友

劝慰逝者的亲朋好友时，应注意倾听对方的回忆，让他们的思念之情在追思中得以释放。待对方情绪好转时谈谈逝者生前的优点、成绩等，以安慰对方。

“不要哭，坚强些！”这种安慰丧亲者的方法实际上是让丧亲者压抑和隔离自己的悲伤情绪，加重他们的悲伤程度，延长悲伤的时间。当被劝慰者伤心流泪时，可不必急着劝慰，不妨让对方哭一会，给他递上纸巾，轻拍其肩，或给一个拥抱，等对方心情渐渐平静下来后再进行安慰，因为适当的哭泣是减轻痛苦悲伤的良好途径。

有时，对于感情脆弱、意志薄弱、身体虚弱的不幸者，还可采用特殊的技巧，即用善意的谎言去安慰他。

课堂训练

1. 有人生病住院，你去探望他，请对他进行劝慰。
2. 你的好朋友因一分之差没有拿到奖学金，心里非常难过。请你劝慰他。

练习

1. 劝慰他人有哪些基本要求？
2. 某同学在运动会上因跌倒而与冠军失之交臂，屈居第三名，请劝慰他。

相关链接

凑巧和不凑巧

有个人每天晚上下班回家都要穿过一片树林。有一次，很不幸，他遭遇了强盗，被洗劫一空，在与歹徒的搏斗中还受了重伤。

他躺在病床上唉声叹气的时候，有朋友来看他。其中一个朋友说："真不凑巧。咱们小城是出了名的安全，十多年了，这条路上从来没有出过事，咋就让你给碰上了？"

他听了心里不是个滋味，总是在想："人家从没碰上的事为什么让我遇上了？"心情更加沮丧，好几天没能起床。

过了一阵子，另一个朋友来看他，说："真凑巧。警察注意这群抢劫犯好长时间了。刚好让你遇上报了案，现在都缉拿归案了。咱小城的老百姓都安全了。大家心里很感激你。"

他听了，感觉自己成了英雄，病也好了大半。

有时候，说话，还真得有点艺术。

第二节　道歉与道谢

社会是由许许多多的人构成的，每一个人的生活都少不了其他人的帮助。在生活中，得到别人的帮助要致谢，只要有人帮了你一把，无论大小，都要真诚地说一声："谢谢！"同样，因故打扰、影响、损害或伤害了他人则要道歉。

一、道歉与道谢的基本原则

道歉与道谢是不同类型的口语交际形式，但在沟通的基本要求上有相同之处——诚恳。要先有真诚之心，后有真诚之言。无论是做错事请求谅解，还是受人恩惠表示感谢，态度诚恳都能为对方所接受。

二、道歉的语言技巧

（一）先道歉后解释

有错应先认错、道歉，以诚恳的态度请求对方谅解。不要为自己的错误作过多的辩解、开脱。一句"对不起，我错了"有时很难说出口，但说出口后你会如释重负。如确有非解释不可的客观原因，也应先道歉后解释，以表明自己的诚意。否则，这种道歉不仅不利于弥合裂痕，反而会使对方怀疑你的诚意，从而扩大裂痕，加深隔阂。千万不要在道歉后向对方进行指责，将责任推到他人身上，这样做会比不道歉更糟糕。

道歉时应语气温和，目光友好地看着对方并多用一些礼貌用语，如"请原谅""请多包涵”“对不起”“得罪了”“不好意思”“十分抱歉”等。道歉的语言应简洁清晰，切忌重复、啰唆，或声音含糊不清。

一位女顾客挑选商品的时间过长，售货员便去招待其他客户了。女顾客怒气冲冲地指责道：“你这是什么服务态度？你没看见我先来吗？为什么扔下我不管了？”售货员耐心地听她说完，连忙道歉：“请原谅，我们店生意忙，对您服务不周到，我服务态度不好，让您久等了，欢迎您多提宝贵意见。”温和诚恳的一番话不禁让女顾客难为情起来，她说道：“我说话太冲了，不好意思。”

（二）利用第三方转致歉意

当对方成见很深，不愿接受道歉时，最好先请第三者转致歉意，待对方火气平息之时，再当面道歉。

也可以用给对方写信、发短信、送小礼物、请吃饭等方式含蓄地表达歉意。某嘉宾在颁奖时将一位获奖演员的名字念错了，他当场表达了歉意，后来又专程赔礼道歉，得到了谅解。

（三）内容充分具体

内容充分的道歉更有影响力，更容易得到被冒犯者的原谅。具体说出冒犯的行为和对被冒犯者造成的影响，可以使被冒犯者明白道歉者已经认识到了错误。如爽约没和朋友去看电影，不要只说一句：“对不起，我没能去看电影。”而应该说：“你放下手中紧张的工作，准时赶到电影院陪我看电影，为了等我而错过了电影的开头部分，还害得你为我的安全担心，实在是对不起。我知道你心里一定会很难过，所以你有理由生气，我真的为自己的过错感到抱歉，请你原谅我。”这样的道歉更容易消除朋友对你的不满和恼怒。

（四）给对方一个发泄的机会

当你的错误对一个人造成伤害时，对方的心里一定很压抑，你应该给他一个发泄的机会。你可以说：“你骂我几句吧，千万不要憋在心里呀！”这么一说，对方看到了你为此事焦急的心情，感受到了你的诚意，他心中的怒气会消减很多。

课堂训练

1. 举出生活中自己曾向他人道歉未能被对方接受的例子，并就此与同学探讨有效的道歉方法。

2. 你坐在同学的座位上，不小心弄脏了他刚完成的绘画作品，请向他道歉。

3. 同学晓敏在晚自习时接听家长来电，你作为值班班干部当着全班同学的面大声斥责了晓敏，晓敏很伤心。下课后，你向晓敏道了歉，她也诚恳地承认了自己的不足之处。请据此情境设计你与晓敏同学的对话。

三、道谢的语言技巧

在人际交往中，“谢谢”这两个字如果能被正确地运用，你就会变得很有魅力。同学们要养成得到他人的帮助后及时表示感谢的习惯。若一时找不到合适的机会，应主动寻找或制造机会。当别人没想到或感到未必值得感谢时，一句“谢谢”具有更大的力量。回想一下，有时你从别人那里意想不到地得到一声由衷的“谢谢”时，你一定会特别地开心和满足，对致谢的一方也由此而心生喜爱。

（一）真诚道谢

你确实有感谢对方的愿望再去说“谢谢”，并赋予它感情和生命。不要使人听起来很死板，成为应付人的客套话。道谢时注视对方表示对他的尊重和重视，同时也可见你的真诚。

（二）直截了当地道谢

道谢时应热情大方，不要扭扭捏捏或漫不经心，要简洁明了地表达对对方的谢意，让对方知道你因为什么而感谢他。不要为别人知道你要向他道谢而不好意思。

（三）指名道姓地道谢

通过叫被谢人的名字使你的道谢专一化。如果你要感谢几个人，不要仅仅说“谢谢大家”，而要一个个地向他们道谢，让别人感到你致谢的诚意。

（四）热情具体地道谢

道谢时当面称赞对方，要避免评价失实、措辞过火。你可以用热诚、具体的语言称赞对方为帮助自己不惜耗费许多精力、浪费不少时间，称赞对方的热心和慷慨、助人为乐等。

课堂训练

1. 请向在你生病时关心照顾你的舍友表示衷心的感谢。
2. 请向帮助过你的同学、老师或家长表示感谢。

练习

1. 道歉有哪些语言技巧？
2. 道谢有哪些语言技巧？

相关链接

道歉的五种语言

一、表达歉意的话可以这么说

1. 我现在才知道已经深深地伤害了你，这让我感到无比痛苦。我为自己的行为真心地道歉。

2. 我真的很难过，让你失望了。我本来应该更细心一些。很抱歉让你这么痛苦。

3. 我当时显然没有认真考虑你的感受。我从来没打算要伤害你，但现在我知道我的话太过火了。很抱歉我当时那么不礼貌。

4. 我很抱歉辜负了你的信任。这给我们之间的关系蒙上了阴影，现在我想驱除它。我知道即使我道了歉，你可能也要花一段时间才能重新信任我。

5. 我们向您承诺提供此项服务，但没能做到。我们公司这次显然把事情办砸了，对此我非常抱歉。

二、承认过错的话可以这么说

1. 我知道我做错了，毫无借口。说到底，我的做法很自私，我错了。

2. 我犯了一个大错误。当时，我对自己的做法没有多想。但回头一想，问题就出在这儿。我真希望当时能三思而后行。我错了。

3. 我那样对你讲话是不对的。我的话既刻薄也不符合事实，而且说话的方式既不友好也没有爱心。在我盛怒之时说了那些话，一心只想着为自己辩解，希望你能够原谅我。

4. 我又犯了一个我们以前讨论过的错误，把事情搞砸了。我知道这是我的错。

三、弥补过失的话可以这么说

1. 我能做些什么来弥补我的所作所为呢？

2. 我知道我深深地伤害了你，我愿意做点事情来补偿给你造成的伤害。你能给我一些建议吗？

3. 我觉得光说“对不起”是不够的。我想为我的错误做法进行补偿。你觉得我怎么做比较合适呢？

4. 我很后悔损害了您的声誉。我可以对此做一次公开更正吗？

5. 我真的非常珍视我们的关系，我需要怎么说或者怎么做，你才能考虑原谅我呢？

四、真诚悔改的话可以这么说

1. 我知道自己的行为给你带来了痛苦，我再也不会那么做了。我会积极听取你关于我应该如何改变的任何想法。

2. 我应该如何换一种说法，才会让你觉得我不是在批评你呢？

3. 我知道我的做法于事无补。你觉得我怎么改变才会让你感觉好一些呢？

4. 我真的很想改变。虽然我不会变得完美无缺，但是我真的想改变这种行为。你愿意在我“旧病复发”的时候提醒我吗？我想一句“你的老毛病又犯了”会让我停下来并改变方向。

5. 我又犯了同样的错误，让你失望了。我怎么做才能让你重新建立对我的信任呢？

6. 我的老毛病实在由来已久，我知道现在要改变一定会很难，而且可能会失败，再次伤害到你。如果你能帮助我想出让我能够坚持改变的方法，并在觉得我做得好的时候鼓励我，我会很感激的。我可以在这件事情上信赖你，把你当成战友吗？

五、请求饶恕的话可以这么说

1. 我为自己对你说话的方式感到抱歉。我的声音很大、很刺耳，这样做很不对。我不该那样对待你，请你原谅我。

2. 我知道我深深地伤害了你。你有理由不理我，但是我真的为自己的所作所为感到抱歉。希望你能够原谅我。

3. 虽然我并不想伤害你，但是很显然我已经伤害到了你。现在我意识到这一点了。虽然我只是想玩得开心点，但是为了开心而伤害他人确实是不对的。我错了，今后再也不那么做了。我是否可以请你原谅我？

六、接受他人道歉以后可以这么说

1. 你的话严重地伤害了我。我想你意识到这一点了。我很感谢你的道歉，没有它，我认为自己是不会原谅你的。如今我看到了你的诚意，所以我原谅你。

2. 你的道歉使我很感动，我非常珍惜我们的友谊，因此，我决定原谅你。

3. 你的所作所为对我造成了很大的伤害，我从来都没有想到你会做出那样的事，但是我相信你的道歉是真诚的。因此，我原谅你。

4. 你工作上的错误造成了我时间和金钱上的损失。我想原谅你这次错误。是的，既然你已经做出适当的纠正错误的计划，我能原谅你。

5. 我知道，对你来说，压制住自己的骄傲说出“我错了”这句话有多难。我认为你更加成熟了，我真的原谅了你。

墓碑之争

在成长的过程中，自己很可能伤害到自己的兄弟姐妹。如果父母没有教孩子道歉，这些伤害就会成为情感障碍，影响到手足关系。我记得迈克尔来找我咨询，他说："有件事让我一直很烦恼，我和哥哥的关系十分不好，我们已经5年多没说过话了。母亲的葬礼后，我就懒得理他了。"

"你们俩是为了什么事弄成这样的呢？"我问。

"是这样的。葬礼后我和姐姐与他商量给母亲立块碑。他说他不相信立碑的那套说法，还说那是浪费金钱。我听了非常生气，对他说如果他真的那样以为，我以后再也不想看到他。于是我和姐姐花钱买了墓碑，从那以后我和哥哥再也没见过面。近年来，我开始为这件事苦恼，因为读了很多关于宽恕的文章，我觉得自己一直因那件事对哥哥耿耿于怀是不对的。"

"在你母亲的葬礼之前，你们哥俩儿的关系怎么样？"我问。

"我们相处得挺好的。"他说，"虽然说不上亲密无间，但是我们彼此尊重，从来没吵过架。母亲生病的时候，他没像我希望的那样经常来探望母亲，而我每天都会去探望母亲，姐姐和我差不多。但是他几乎一周才来一次。我猜想事情就这样一件一件积累起来，到了墓碑的事的时候，我实在是忍无可忍了。"

"这件事你父亲怎么看呢？"我问道。

"我们很小的时候他就离开我们了，我已经很久没见过他了。母亲没有再结婚。她把所有的精力都花在工作上，努力不让我们挨饿。这大概是我对哥哥生气的另一个原因吧。"

"我很理解你生气的原因。"我说，"如果我是你的话，肯定也会很生气。但是，我认为你对他说再也不想见到他，这话似乎有点过激。你同意我的看法吗？"

"我同意。"他说，"当时我气坏了，心里真是那么想的。但是现在我知道应该纠正这个错误。兄弟俩住在同一个城市却老死不相往来，这是不对的。"

"过去你哥哥曾因为什么事情向你道过歉吗？"我问。

他想了一会儿，然后说："不记得他向我道过歉。但是他告诉姐姐说，他很抱歉自己没有在母亲生病的时候多探望。我知道以后很高兴，但是那时候我们已经决裂了。"

我向迈克尔解释了我刚才问他哥哥是否道过歉的原因。"通常，人们会使用自己想听到的语言进行道歉。"我解释道，"因为你哥哥对你姐姐说过他很抱歉，所以我猜他的道歉语言是表达歉意，即'对不起，我对自己的行为感到抱歉'。"

"因此，我建议你主动去见哥哥，为你说话的方式及那些关于墓碑的话向他道歉。"

"那么做会很难。"他说。

"你说得对。也许这是你一辈子最难的事情。"我肯定地说，"但也许这也是你一生最有意义的事情。"我们一起研究出一个可行的道歉声明，内容大致如下："我意识到，在妈妈的葬礼后，关于墓碑的事我对你的反应有些过激了，说了过分的话，我感到很抱歉。我知道那样不对，之后我反思了很多。真对不起，我说了那些话。我不知道你是否可以原谅我，但是我想请求你原谅我。我愿意做任何事来弥补我的错误。我那样对待你，说再也不想见到你，真的很抱歉。我真的很想你。我知道说出口的话无法收回，但是我很想对你说对不起，我说过那样的话，但我并不是那样想的，希望你能够原谅我。”

迈克尔大声地读着这段道歉的话，泪水盈眶。“这就是我心里的想法。”他说，“我希望有机会告诉哥哥这些话。我应该怎么做呢?”他问。

“我建议你给他打电话，问他是否可以找个晚上过去坐坐。如果他说不可以，我建议你过一个月再打给他。但是我个人觉得他会同意。如果他同意，你到了他家以后，别花太多时间闲聊，要直奔主题，让他知道你是为了一件困扰很长时间的事来向他道歉。和哥哥见过面后，请你给我打个电话，我希望知道事情的进展。”他接受了我的建议，并感谢我与他见面。

6 周后，迈克尔打来电话，跟我约好下次见面的时间。

几天后，他来见我。以下是迈克尔的叙述：

“您不知道我多庆幸自己采纳了您的意见，那是我这辈子里做过的最正确的事。但是向哥哥道完歉后，他居然哭了。他说：‘我知道我错了，我应该帮忙为妈妈买墓碑的。我不知道当时是怎么回事，我对这些感情上的事一向不大敏感。但是我现在知道自己错了。起初，你的反应让我很受伤、很生气。但是过后意识到你有资格说我。如果换成是我，我大概也会那么说。所以我要告诉你，如果你可以原谅我的话，我也愿意原谅你。’”

“我和哥哥抱头痛哭了很长时间。之后哥哥说：‘我想知道买墓碑花了多少钱，我想把应该由我分担的那份钱还给你和姐姐。’”

“我告诉哥哥：‘不用了，对我来说，我们俩能和好就足够了。’”

“哥哥泪流满面地说：‘我知道，但是我是为了自己和妈妈才想这么做的。’我便答应回去查查再告诉他。之后，我们坐下来又聊了一个多小时，分享母亲去世后各自的生活。我们聊得很愉快，我觉得我们的关系恢复了。我邀请哥哥和嫂子下周到我们家一起野餐。能了解他们这些年的生活经历，我和妻子都感到十分开心。谢谢您给了我道歉的勇气。”

“我很高兴你这样做了。”我对迈克尔说，“在人类的关系中，几乎没有什么比为失败承担责任并向被冒犯者道歉更有力量了。”

我相信，如果一方愿意主动道歉，很多手足关系可以得到恢复。虽然我无法保证所有道歉都能像迈克尔那样成功，但是我可以向你保证：一方选择道歉，一定会使彼此的关系更加融洽。

不妨把感谢记在心头

我认识一位老板，他有胆量有魄力，但身边的人走马灯似的来来去去，生意总做不大。一次，在他公司做副总的朋友找我诉苦，说不想跟他干了。我说你工资高、待遇好，有很多人求还求不来呢。他说工资高待遇好不假，但老板喜欢唠叨，让他受不了。一次他做错了一件事，老板一年都没忘。犯错后，老板骂完他严厉地对他说："要好好记住今天的教训。"第二天、一周后，老板还要提醒他。一年后，老板夸奖他工作不错，又说："工作不错，多亏一年前那个教训。"老板把这句话重复了四次，伤了我朋友的心。

前几天看到一个报道，日本有个叫冈野雅行的传奇企业家，他的公司加上他只有6个人，却创造了年销售额达6亿日元的业绩。除了他有无人模仿的制造技艺外，一个重要原因是他珍视他人的付出，如你请他吃饭，他会说："谢谢款待。"第二天见到你，他会说："谢谢您昨晚的款待。"一周后见到，他会说："谢谢您上周的款待。"如果下月再见到你，他还会说："谢谢您上个月的款待。"第一次说谢谢，对方认为你是客套；第二次再说一遍，对方会感觉你对他很尊重；第三次再说，会让对方感到你用心记住了他的举动；第四次则让对方忘不了你了。

在与人交往中，我们很容易说错话，哪怕是无心之举，都会让别人不舒服、难过或伤心。其实，说错一句话不可怕，只要有心，真心纠正，没什么大不了。最可怕的是把一句错误的话说了很多次，就像一个伤疤，刚刚愈合的时候揭了一次又一次，只会让人伤痛，令人讨厌。反之，若想让别人喜欢你，建议你及时充分地表达感激之情。

第八章　演　　讲

第一节　演讲概述

演讲既要有语言的艺术性，还要有内容上的系统性、完整性，思想上的鲜明性；既要有讲稿的精心准备，还要有登台表演时富有激情和感染力的流畅自如的表达。

一、演讲的概念

演讲又称讲演、演说，是演与讲的有机结合。它是讲话者凭借自己的口才，运用有声语言和态势语言，面对广大受众就特定问题阐述自己的观点、主张，从而达到提高认识、沟通感情、激发行动的一种现实的信息交流活动。

在演讲实践活动中，以“讲”为主，以“演”为辅，互相交织、互相渗透、互相促进。

演讲者要想发表自己的意见，陈述自己的观点和主张，从而达到影响、说服、感染他人的目的，就必须运用与其内容相一致的传达手段。演讲的传达手段主要有有声语言、体态语言和主体形象。

（一）有声语言（讲）

演讲中，对有声语言的要求是吐字清楚、准确，声音清亮、圆润，语气、语调、声音和节奏富于变化。

（二）体态语言（演）

体态语言也叫态势语言，就是演讲者的姿态、动作、眼神、手势、表情等。它是流动着的形体动作，辅助有声语言承载着思想和感情，诉诸受众的视觉器官，使受众产生与听觉同步的效应，加强有声语言的表达效果。

（三）主体形象

演讲者是以其自身出现在受众面前进行演讲的，所以他必然以整体形象，包括形体、仪表、着装、发型、举止神态等直接诉诸受众的视觉器官。

演讲者在自然美的基础上，要有一定的艺术美。在符合演讲特定活动的前提下，演讲者应注意衣装朴素自然、轻便得体，注意举止、神态、风度的潇洒、大方、优雅，只有这样，才有利于思想感情的表达，有利于取得良好的演讲效果。

二、演讲的分类

演讲的类型多种多样，它的分类没有固定不变的规定，但每种分类都必须采用同一角度和同一标准。了解演讲的分类，了解各种演讲的性质与特点、区别与联系，对我们参加演讲实践具有一定的指导意义。

根据演讲活动的性质和特点，可以把演讲分成如下类型：

（一）从功能上分类

1. “使人知”演讲

此类演讲如知识讲座，其特点是知识性强、语言准确，如朱光潜的《谈作文》，杨振宁的《美与物理学》。

2. “使人信”演讲

此类演讲多为道理论述，特点是观点独到正确，论据翔实准确，论证合理严密，如爱因斯坦的《悼念玛丽·居里》、恩格斯的《在马克思墓前的讲话》。

3. “使人激”演讲

这类演讲往往富有激情，鼓动性很强，如美国黑人运动领袖马丁·路德·金的《我有一个梦想》、闻一多的《最后一次演讲》等。

4. “使人动”演讲

这类演讲可使受众产生一种欲与演讲者一起行动的想法，如陈安之的《信念使人成为“超人”》。

5. “使人乐”演讲

这是一种以活跃气氛、调节情绪、使人快乐为主要功能的演讲，多以幽默、笑话或调侃为材料，一般出现在喜庆的场合。

（二）从演讲准备上分类

1. 命题演讲

命题演讲是由别人拟定题目或演讲范围，并经过一定时间的准备后所做的演讲。它包含两种形式：全命题演讲和半命题演讲。全命题演讲的题目一般是由演讲组织部门来确定的。如学校举办“青年志愿者在行动”主题演讲，为了让演讲者各有侧重，分别拟了《做一个文明的青年志愿者》《志愿行动，为社会亮起彩旗》《从一点一滴做起》三个题目给演讲者，要求以此组织材料，准备演讲。半命题演讲指演讲者根据演讲活动组织单位限定的范围，自己拟订题目进行的演讲。如学校举办新生演讲比赛，以“青年·责任·未来”为演讲范围，具体题目由参赛选手自拟。

命题演讲的特点是主题鲜明、针对性强、内容稳定、结构完整。

2. 即兴演讲

即兴演讲指演讲者在事先无准备的情况下就眼前场面、情境、事物、人物等临时起兴发表的演讲，它要求演讲者紧扣主题、抓住由头、迅速组合、言简意赅。

即兴演讲的特点是有感而发、时境感强、篇幅短小。

三、演讲者应具备的素质与能力

演讲者是演讲的主体，是演讲活动的承担者和执行者。演讲者的素质、能力会影响演讲者在受众中的形象，直接影响演讲效果甚至成败。演讲水平高，受众会听得津津有味；演讲水平低，台下可能会乱糟糟，无人肯听。

（一）演讲者应具备的素质

1. 有先进、科学的思想

演讲者要努力学习，将先进、科学的思想分享给受众。

2. 有高尚的道德品质

演讲者应以一个具有高尚道德水准的形象出现在公众面前，带头遵守社会道德规范，这样才能身正为范。

3. 有丰富的学识

演讲的魅力，首先来自演讲者渊博的知识。古今中外的演讲家之所以能旁征博引、妙语连珠，把生动、具体、精彩的事例自如地组织到演讲中，就是因为他们博览群书、知识丰富。在科学技术日益发达的今天，各种科学高度分化和高度综合，演讲者如果跟不上现代科学文化发展步伐，就不能使演讲充实、新鲜、生动。

（二）演讲者应具备的能力

1. 敏锐的观察力

敏锐的观察力体现在三个方面：在演讲前，从普普通通的生活中获取大量素材，通过分析和判断，从中发现能反映生活本质和社会主流的材料；在演讲中，迅速捕捉受众的表情、心理及场上的气氛变化，及时调整演讲的内容和节奏；在演讲后，从受众的反馈中综合分析自己演讲的成败得失，以使自己的演讲臻于成熟。

2. 丰富的想象力

在演讲中，想象力如同点金术，有了它就可以思接千载，视通万里，就能使演讲内容充实、新颖而多彩，就能将各种各样的事物与演讲主题巧妙地组合起来，增加演讲的深度、广度和感染力。这需要演讲者努力培养自己的好奇心和探究力，对任何问题都认真钻研，对任何事物都要有兴趣和探究欲。

3. 较强的记忆力

演讲者应在演讲前的准备阶段，博览群书，吸取丰富知识，掌握大量材料和信息。只有这样，当写演讲稿时，才可能如囊中取物一样，迅速、准确地将记忆库中的材料和信息组织起来。在演讲中，也要靠记忆力，才能将演讲稿的主要材料、观点、事例等牢记于心。这样讲起来才能流畅自如。

4. 良好的表达力

演讲者必须具备良好的口语表达能力。演讲稿写得再好，表达不出来，同样难以取得良好的演讲效果。口语表达能力不是天生的，它需要经过后天培养、训练而成。通过读讲法的训练，可以使口语表达流利顺畅、富有抑扬顿挫。所谓读，就是默读、朗读、快读；所谓讲，就是在任何场合、时间、机会都勇于去讲去练。

练习

1. 演讲者应具备哪些素质和能力？

2. 自选角度、自拟题目，做一次 3 分钟的演讲，要求真实生动，有一定启发。

相关链接

你养我长大，我陪你变老

如何做个好女儿？最开始我觉得，如果想做一个好女儿，那我肯定得挣很多的钱，然后让我爸妈过上特别好的生活。

我从上大学开始就经济独立，我所有的假期都在工作，所以我的父母几乎一整年都见不到我。对于很多像我这样在外求学工作打拼的人来说，咱们的父母都变成了空巢老人。有一天，我妈给我打电话说："早上你爸坐在床边，在那掉眼泪，说想女儿了。"你知道我当时第一反应是什么吗？"哟，至于吗？您这大老爷们还玻璃心哪，天天给自己加戏。"

但是后来，有一次我回家，那个下午，我永远记得。老爸侧坐在窗前，虽然依旧虎背熊腰，但腰板没以前直了，头发也没以前多了，他摆弄着窗台上的花儿说了一句："爸爸没有妈妈了。"

爸爸没有妈妈了，大家觉得这句话在表达什么？悲伤？软弱？求呵护？我只记得我小时候如果梦到我妈妈不要我了，我就会哭醒，我特别难过，但我从来都没有想过爸爸没有妈妈了是一种什么样的感觉。我发现这个在我印象当中无比坚不可摧、高大威猛的男人，突然间老了。

爸爸没有妈妈了，表达的不是悲伤，也不是软弱，而是依赖。父母其实是我们每个人最大的依赖，而当我们的父母失去了他们的父母，他们还能依赖谁呢？

所以在那一刻我才意识到，父母比任何时候都需要我，而且他们后半辈子能依赖的只有我。我得养他陪他，把我所有的爱都给他，就像他一直对我那样，我要让他知道，即使你没有妈妈了，你还有我。

所以，从那以后，我愿意适当地推掉一些工作、聚会，我挤时间多回家，我陪他们去旅行而不再是把钱交到旅行社，让别人带他们去玩。因为我明白了一点，赡养父母绝对不是把钱给父母让他们独自去面对生活，而应该是我们参与他们的生活，我们陪伴他们享受生活。

所以，我每次回家，就会带我爸妈去泡温泉，享受一把。有一次我正给我妈吹头发，旁边一位阿姨说："你女儿真孝顺。"我妈说："大家都说女儿是小棉袄，我女儿——羽绒服！"幸亏没说军大衣。那阿姨说："我儿子也特孝顺。在美国，每年都回来带我们去旅游。"说着吧，阿姨还把手机掏出来了，给我妈看照片，说你看我儿子多帅，一米八五大个，年薪也好几十万。

我当时觉得话锋有点不对，为什么呢？当一位阿姨向你的妈妈展示他儿子的照片，并且报上了身高体重年薪的时候……笑的都是相过亲的，你懂的。就在这个时候，阿姨说了一句让我们全场人都傻了的话，她说："可惜不在了……"

不在了？

原来就在去年，阿姨唯一的儿子在陪他们老两口儿去旅行的路上车祸身亡。

在那一刻，我真的不知道说什么去安慰那位阿姨，我就想伸出手去抱抱她。可当我伸出手的那一刻，阿姨的眼泪就开始哗哗地往下流。我抱着她，我能感受到她那种身体的颤抖，我也能够感受到她是多么希望有个孩子能抱一抱她。

也就是从那一刻我特别害怕，我不是害怕父母离开我，我怕我会离开他们。

而且经过这件事，我对于一句话的理解有了更深入的这样的感觉，叫作"身体发肤受之父母，不敢毁伤"。原来我只觉得这句话应该是我应该珍惜自己的身体，珍惜自己的生命，别让爸妈担心，对吧？但是现在我发现，不仅如此，我们对待别人，也要这样。因为每一个人，都意味着一个家！

所以我现在每一次在跟父母道别的时候，我都会紧紧地抱抱他们，在他们脸上亲一下。可能像拥抱亲吻这种事，对于我们大多数中国父母来讲一开始都是拒绝的，但是请大家相信我，只要你坚持去做，你用力地把她搂过来，你狠狠地在她脸上亲一下，慢慢地她就会习惯。像我现在走的时候，我妈就自然地把脸送过来。这样他们就会知道，你在表达爱。

作为子女，我们要善于看穿父母的坚强，这件事越早越好，不要等到来不及了，也不要等到没有机会了，就像所有的父母都不愿意缺席子女的成长，我们也不应该缺席他们的衰老。

龙应台有一篇《目送》，她在结尾告诉我们，不必追。可是今天我想告诉大家，我们就得追，而且我们要从今天开始追！提早追！大步追！至亲至情，不应该是看着彼此渐行渐远的背影，而应该是你养我长大，我陪你变老！

白岩松在“演讲与口才”杯全国新闻界做人与作文演讲比赛中的演讲

很多年前，有一位学大提琴的年轻人向20世纪最伟大的大提琴家卡萨尔斯讨教：“我怎样才能成为一名优秀的大提琴家？”卡萨尔斯面对雄心勃勃的年轻人，意味深长地回答：“先成为优秀的人，然后成为一名优秀的音乐人，再然后就会成为一名优秀的大提琴家。”

听到这个故事的时候，我还年少，对老人的回答中所透露出的含义理解不多。然而，在以后的工作生涯中，随着采访接触的人越来越多，这个回答在我脑海中便越印越深。

在采访北大教授季羡林的时候，我听到一个关于他的真实故事。有一年秋天，北大新学期开学，一个外地来的学子背着大包小包走进了校园，实在太累了，就把包放在路边。这时正好一位老人走来，年轻学子就拜托老人替自己看一下包，自己则轻装去办理手续。老人爽快地答应了。近一个小时过去，学子归来，老人还尽职尽责地看守着。学子谢过老人，两人分别。几日后北大举行开学典礼，这位年轻的学子惊讶地发现，主席台上就座的北大副校长季羡林，正是那一天替自己看行李的老人。

我不知道这位学子当时是一种怎样的心情，但我听过这个故事之后强烈地感觉到：人格才是最高的学位。后来，我又在医院采访了世纪老人冰心。我问她：“您现在最关心的是什么？”老人的回答简单而感人：“是老年病人的状况。”

当时的冰心已接近自己人生的终点。而这位在五四运动中走上文学之路的老人，对芸芸众生的关爱之情历经80年的岁月仍然未老。这又该是怎样的一种传统！

冰心的身躯并不强壮，然而她这生却用自己当笔，拿岁月当稿纸，写下了一篇关于爱是一种力量的文章，在离去之后给我们留下了一个伟大的背影。

当你有机会和经过“五四”或受过“五四”影响的老人接触，你就知道，历史和传统其实一直离我们很近。这些世纪老人身上所独具的人格魅力是不是也该作为一种传统被我们延续下去呢？

不久前，我在北大又听到一个有关季先生的清新又感人的新故事。一批刚刚走进校园的年轻人，相约去看季羡林先生，走到门口，却开始犹豫，他们怕冒失地打扰了先生，最后决定每个人用竹子在季老家门口的地上留下问候的话语，然后满意地离去。

这该是怎样美丽的一幅画面！在季老家不远，是北大的博雅塔在未名湖中留下的投影，而在季老家门口的问候语中，是不是也有先生的人格魅力在学子心中留下呢？

听多了这样的故事，便常常觉得自己像只气球，仿佛飞得很高，仔细一看却是被浮云托着，外表看上去也还饱满，但肚子里却是空空的。这样想着就不免有些担心：这样怎么能走更长的路呢？于是，“渴望老年”四个字对于我就不再是幻想中的白发苍苍或身份证上改成60岁，而是如何在自己还年轻的时候，能吸取优秀老人身上所具有的种种优秀品质。于是，我也更加知道了卡萨斯回答中所具有的深义。怎样才能成为一个优秀的主持人呢？心中有个声音在回答：先成为一个优秀的人，然后成为一个优秀的新闻人，再然后就会成为一个优秀的节目主持人。

我知道，这条路很长，但我将执着地前行。

卡莉·菲奥莉娜在斯坦福大学毕业典礼上的演讲

各位朋友：

大家好！

我也曾心怀恐惧。事实是在我走进斯坦福大学的那天，我害怕；在我走出的那天，我同样害怕。

我害怕，离开这前景一片光明的地方，面对经济动荡、前途未卜的未来；我害怕，虚掷从斯坦福里学得的，足以夸耀众人的知识和我独有的天赋换来的只是杯水车薪；我害怕无所事事；害怕犯下不可挽回的过失。

如果今天的你同样害怕，让我来问你：“你要如何面对你的恐惧？是化恐惧为动力，还是因此而裹足不前？”

这个问题只有你自己能够回答。但我的故事也许能对你有所裨益。这是一个脸上时时写满恐惧的斯坦福大学的新生在世界上跌跌撞撞、努力地谋求一席之地的故事。让我来从头说起。

我在斯坦福进修的课程中最有价值的并不是经济学。每周，我们都被要求阅读一本中世纪的哲学巨著。一周大概得读上1000页。到了周末，我们要把哲学论文缩写成薄薄的两页。过程大致如下：首先要把书的内容缩减为20页，然后再减到10页、5页，最后只剩下2页——一张纸正反两面的两页。所有无关紧要的旁枝末节统统去掉、缩减，只留下最根本、最重要的两页。到了下一周，又从另一部宏篇巨著从头开始。这样一来，我所读过的哲学思想和意识理念自然在脑海里留下了印象。但让我觉得最为学有所得的是严苛的凝练和浓缩过程，能够掌握这种奇妙的技巧真是令人兴奋。多年来我一再地把它付诸实践，用智慧去浓缩，凝练，去伪存真，直达事物的本质。我了解到在课堂上所学到的掌握知识的过程也是人生的过程。因为每个人的人生都是一项庞大的工程，有着与生俱来的天赋和种种偶然所造就的素质。当你从斯坦福毕业的时候，你带着十年寒窗、家庭门第、世故历练等积累的数千页个人资质。而你真正的自己、你的本质、你的精华就埋在这千页纸张的下面。

那么，你该如何凝练你的人生呢？你首先得和自己内心的恐惧对抗。在25年后的今天，我认识到，经过类似的自我凝练过程，我已经可以正视恐惧并使自己不为它们所左右。

每当我恐惧的时候，每当我对它们的威逼显出不以为意的神气的时候，我就又朝着自己的本质迈进了一步，更进一步地靠近了我的真心、真我。

回想一下当你十七八岁初进斯坦福校门的那一刻。你是天之骄子，你对自己的能力胸有成竹，不是吗？然后你进了校舍，或者是第一次参加系内集会，与校友们经过两三次的切磋，你就感到自己事实上的无足轻重、浅薄无知。但是慢慢地，你赢得了一些回合。你用自己的成绩证明自己，你屡败屡战，你努力学习，天天向上，也许还会名列前茅，这时你的恐惧就会有所消减。瞧，你已经从个人资质里清除一两百页了。浓缩的过程起步了，你开始提炼自己的人生。

等到你在同行之中占有了一席之地，一种新的恐惧又会油然而生。一天清晨，你从睡梦中醒来，想："我是在过自己的日子呢，还是在为别人而活？"

法国作家加缪曾经说过："只有不过分在意他人的目光，我们才能获得真正的快乐。"我对自己保证说，清晰明理的头脑和斯坦福大学的人文学学历足以使我克服这种恐惧。但是它们不能让我快乐。唯一能使我快乐的重要的事是用我掌握的一切，努力实现自我的价值。

（卡莉·菲奥莉娜曾任惠普公司首席执行官。本文节选自她在2001年6月17日斯坦福大学毕业典礼上向新一届毕业生所作的演讲。）

第二节 演讲的要求与技巧

一、演讲的基本要求

（一）针对性

写作时要根据不同场合和不同对象为受众设计不同的演讲内容。

（二）可讲性

演讲的本质在于"讲"而不在于"演"，它以"讲"为主，拟稿时必须以易说和能讲为前提，要求上口入耳，应多用短句，讲究口语化。

（三）鼓动性

好的演讲有一种激发受众情绪、引起共鸣的作用，有较强的鼓动性。这要求演讲稿思想内容丰富、精彩，见解应有独到之处，能发人深思，语言表达应形象、生动，富有感染力。

二、演讲的语言技巧

（一）演讲的开头

演讲的开头，在演讲结构中处于显要地位，具有特殊的作用，应力求引起受众注意，力避拖沓、冗长。演讲开始时说一大套客套话，既浪费了受众和自己的宝贵时间，又令受众感到不耐烦。

演讲开头的方式可灵活选择。

1. 开门见山

2015 年青年电视公开课《开讲啦》推出“毕业季”特别节目——我和未来有个对话。著名演员李连杰对话广大青年学子，共同探讨当下就业热点话题，为即将走出校园、面向社会的青年学子献上一份特殊的毕业季礼物。李连杰的演讲主题为《人生就是一场寻找》。演讲时，他开门见山，直接亮出了演讲的主旨：“今天呢，我想重点讲的是我在一生的追寻中未来做些什么……”然后结合自己的经历，告诉即将踏入社会的年轻学子们应如何“找到对你有用的信息、有用的生活方式，找到那个平衡，这个是非常重要的。”

2. 设置悬念

例如，1843 年伦敦出了一本被公认为不朽的杰作。该书出版之初，伦敦市民在街头巷尾朋友相遇时，都要彼此问一声：“你读过这本书吗？”答案一定是：“是的，我已经读过了。”这本书出版的第一天，便销出 1 000 册，两星期内共销去 15 000 册，自然，以后又再版了许多次，世界各国都有了译本。在几年前，大银行家摩根以高价买到了这本书的原稿。现在这本原稿和摩根的其他无价之宝一并陈列在纽约市的美术馆中。这一部世界名著是什么呢？就是狄更斯的《圣诞节的欢歌》。

又如某老师在学生表彰大会上的发言时，用“老虎来了”的故事作开头，引出当今社会竞争激烈开头，勉励同学们应时刻准备好自己的“跑鞋”——掌握先进的技能，才不会被社会淘汰：“甲和乙两个人在森林里，遇到了一只大老虎。甲赶紧从背后取下一双更轻便的运动鞋换上。乙急死了，骂道：‘你干吗呢，再换鞋也跑不过老虎啊！’甲说：‘我只要跑得比你快就好了。’的确，甲只要跑得比乙快，就可能免入虎口了。当我们面临日益激烈的竞争，当更多的‘老虎’来临时，作为学生的我们有没有准备好自己的跑鞋呢？”

这样的开头往往能很快吸引受众。但如果故弄玄虚，就会弄巧成拙，甚至事与愿违，引起受众的反感。

3. 增强对比

用对比引出自己的题旨，可以在受众心目中留下深刻的印象。

著名文艺理论家、语文教育家孙绍振先生 80 多岁时在东南大学一次演讲的开场白是这样的："我本来是想站着讲的，为什么呢？因为我看见后面有那么多同学是站着的，我坐着对他们不太公平。但是呢，我不得不坐下，因为这个麦克风太矮，逼得我弓着腰。你们直着身子，我却卑躬屈膝，同样不公平。那就请后面的同学同情我一下，允许我坐下讲。鼓掌，就是鼓动，那我就坐下，倚老卖老。还好，没有以老压小。"这个开场白赢得了听众的笑声和掌声，为整场演讲的成功奠定了良好的基础。

著名作家林清玄应邀作题为《人生不怕转弯》的演讲，演讲一开始，他讲道："有一次我到成都去演讲，结果要上台的时候碰到一个女生，长得很漂亮，跑过来拉我的袖子，然后塞给我一封粉红色的信。我看了心怦怦跳，这应该是一封情书吧。回到饭店一看，她说：'我从小就读你的文章，非常敬仰你，没想到今天看到你，很像周星驰电影里的火云邪神，真是相见不如怀念啊。'我在饭店里面给她回了一封信，我说相见也美，怀念也美，你长什么样子一点都不重要，重要的是你的头皮里面的东西，如果你有东西，那你就可以活得很开心，你就可以活得很自在，活得很有智慧。"这样风趣幽默的开头，将"不美丽"的外表与"有智慧"的大脑形成了鲜明的对比和强烈的反差，一下子紧紧抓住了受众的心，引发了大家的情感共鸣，令人在忍俊不禁的同时自然而然地颔首赞许。

4. 讲述故事

生动的故事引人入胜，恰到好处的引用可以引起受众的关注，增加说服力。

某同学以《细节决定成败》为题进行演讲，开头先讲述故事："有一位长跑运动员在比赛中鞋子里进了沙子。为了赶时间，他匆匆倒掉沙子继续赶路，但鞋子里还有一粒沙。虽然跑步有点不舒服，但为了不耽误时间，他没有再倒出这粒沙。跑了一段路程后，运动员的脚被这粒沙磨破了，最后与胜利失之交臂。很多时候，影响我们成功的往往是不起眼的小事，这就是我们常说的'细节决定成败'。"这样以故事引出演讲主旨，往往生动而富有吸引力。

（二）演讲的正文

演讲的正文常用的模式有议论式结构和叙述式结构。

议论式结构即以普通议论文方式安排结构，由提出问题、分析论证和得出结论三部分组成。如著名历史学家吴晗的《谈骨气》，文章开头提出论点："我们中国人是有骨气的。"接着按从古到今的顺序，列举南宋文天祥坚决抵抗外敌入侵、古代穷人不食嗟来之食、闻一多横眉冷对国民党宁死不屈三个不同阶层的人物事例，证明了我们中国的确有许多有骨气的人。最后总结归纳，阐明提倡骨气的积极意义。

叙述式结构即以受众的心理线索安排结构，主要以趣味、情感来打动听众，主旨于夹叙夹议中显示，所叙述的几件事或以时间为序，或以空间为序。如白岩松在"演讲与口才杯"全国新闻界做人与作文演讲比赛中，按时间顺序叙述了北大教授季羡林替人校新生看守行李、自己采访著名作家冰心、北大学子用竹子在季羡林教授家门口的地上留下问候语三件事，阐述了演讲主旨：富有人格魅力的人才可能成为优秀的主持人。

演讲中的观点不要太多。一般而言，在五分钟以内的简短演讲中应抓住一两个重点加以阐述。在长至三四十分钟的演讲中，也只需要抓住三四个重点进行阐述。

（三）演讲的结尾

演讲的结尾应简洁有力，再次揭示主旨，使受众加深认识，力求促人深思、耐人寻味。不要说“关于某问题我再补充几句”“我的演讲结束了，讲得不好，请多指教”等，这会使听众感到索然无味。

口头语言应该是朴素的，应用普普通通的语言表达演讲的思想内容。刻意追求语言上的华丽，故意雕琢，既不符合口头表达习惯，又会给受众哗众取宠、滑稽可笑之感。

三、即兴演讲

（一）即兴演讲的概念

即兴演讲是对现场的人物、事件、情境有感而发，在无准备情况下发表的临时性演讲。

（二）即兴演讲的原则

1. 迅速决定

即兴演讲准备的时间极其有限，因而在演讲前要善于借助演讲时的场景，迅速确定演讲的主题，要重点突出，不要面面俱到。在开口演讲前先打好腹稿，尽量去掉口头禅和多余的感叹词。

2. 短小紧凑

即兴演讲很难构思出长篇大论来，所以要求主题单一，言简意赅，篇幅短小，讲上两三分钟，甚至只需寥寥几句即可。要口语化，少用或不用书面语，多使用短小、灵活的句式，不用难以理解的长句子。

北伐战争开始时，国民革命军司令部在广州邀请瞿秋白向全军政工人员作报告，主持人介绍：“请著名理论家和宣传家，曾三次见到列宁的瞿秋白先生作《关于如何做好北伐战争宣传报道工作》的报告，请大家欢迎。”

与会者都认为这是一次难得的机会，做好了详细记录的准备。然而瞿秋白上台，却只讲了 26 个字：“宣传关键是一个‘要’字，鲁智深三拳打死镇关西，拳拳打在要害上。”说完走下台，全场先是愕然、沉寂，继而爆发出雷鸣般的掌声。

这篇演讲：一是短，仅 26 个字；二是精，紧紧抓住了宣传报道的要害；三是有味儿，令人思考。

3. 语言通顺

即兴演讲时语言应通顺，避免啰唆，重点部分只需强调一下，不必重复。

（三）即兴演讲的技巧

1. 审题扣题

演讲者应根据现场形势、主要议题等，从自己感受最深的方面出发，充分调动起头脑中的信息，确定一个新颖独特的议论角度，提出一个紧扣实质的主题。

新东方教育集团董事长俞敏洪有过一番精彩的演讲："我们每一个人，都应该像树一样的成长，即使我们现在什么都不是，但是只要你有树的种子，即使你被踩到泥土中，你依然能够吸收泥土的养分，自己成长起来。当你长成参天大树以后，在遥远的地方人们就能看到你，走近你，你能给人一片绿色。活着是美丽的风景，死了依然是栋梁之材，活着死了都有用。这就是我们每一个同学做人的标准和成长的标准。"俞敏洪这段短短的即兴演讲，为现场有着创业梦想的每一个年轻人指出了做人的标准和成长的标准，激励大家像树一样不惧风雨、茁壮成长。

2. 即席取材

要学会抓触点，善于利用与演讲相关的人名、地名、季节、事件、天气、景物、气氛等引发联想导入主题，也可以现场的人和事为论据进行演讲。

竺可桢先生任浙江大学校长时深受师生爱戴。某联欢会上，他看到节目单上有"校长训话"一栏，觉得在联欢会上进行校长训话不合时宜。于是在应邀上台讲话时说："同学们，'训'字从言从川，是信口开河啊。"大家被逗得哄堂大笑，原本气氛有些压抑的联欢会立刻活跃起来。

2011 年 11 月，履新不久的郭树清以中国证监会主席身份首次公开亮相，站在国际金融论坛 2011 年年会最后一场讨论会的讲台上，谈论宏观问题——中国与世界经济的再平衡。在通往讲台的路上，郭树清不慎摔了一跤。演讲开始时，他便自我解嘲道："刚才没能掌握好平衡的自己，非常适合讲再平衡的问题。"这样即席取材，既巧妙地进行了自嘲，化解了尴尬，又自然而然地引出了自己演讲的话题。

3. 言简意赅

即兴演讲的语言应力求简明扼要、准确精当，恰如其分地表达自己的思想，与中心内容无关的话不要多说，受众理解能力范围内的内容不需要作太多解释。

1976 年 1 月 8 日，周恩来逝世时，设在美国纽约的联合国总部门前的联合国旗降了半旗。这是非常罕见的事。自 1945 年联合国成立以来，世界上有许多国家的元首先后去世，联合国还没有为谁降过半旗。一些国家感到不平了，他们的外交官聚集在联合国大门前的广场上，言辞激愤地向联合国总部发出质问："我们的国家元首去世，联合国的大旗升得那么高，中国的总理去世，为什么要为他降半旗呢？"当时的联合国秘书长瓦尔德海姆站出来，就在联合国大厦门前的台阶上发表了一次极短的演讲，总共不过一分钟。他说："为了悼念周恩来，联合国降半旗，这是我决定的。原因有二：一是中国是一个文明古国，她的金银财宝多得不计其数，她使用的人民币多得我们数不过来。可是她的周总理没有一分钱存款！二是中国有 10 亿人口占世界人口的 1/4，可是她的周总理没有一个孩子。你们任何国家的元首，如果能做到其中一条，在他逝世之日，总部将照样为他降半旗。"说完，他转身就走，广场上外交官个个哑口无言，随后响起雷鸣般的掌声。

瓦尔德海姆短短几句话，言简意赅地道出了联合国为周总理逝世降半旗的原因，令人极为信服。瓦尔德海姆机敏而锋利的谈吐，不仅表现了他机智无比的外交才能，同时也反映出我们敬爱的周总理的高尚品质。

四、体态语言在演讲中的表达技巧

心理学家艾帕尔曾说：“人的感情表达由三个方面组成：55%的体态，38%的声调，7%的语气词。”因此，准确、适当地运用态势语言是演讲者必须掌握的一项基本功。

（一）肢体语言的表达技巧

演讲中肢体语言能表达出各种含义，在演讲中我们要注意肢体语言，有恰当的站姿和步姿。这一点在第二章“体态礼仪”中有详细介绍，不再赘述。

（二）手势语言的表达技巧

手势是演讲者在演讲时手部动作的姿势，由演讲者的性格和演讲的内容以及演讲者当时的情绪支配，但是手势活动的高度却有个约定俗成的范围。手的各种姿势则反映不同的内容，代表不同的意思。

1. 手势活动的范围

手势活动的范围，大体分为上位、中位、下位三个区间。

（1）上位

肩部以上为上区手势，表示积极向上、发出号召、强调主要内容、展示前景。

如：“让我们团结起来，携手并肩，共同创造美好的明天!”演讲时，应面带微笑，在讲到“美好的明天”时将双手高举过头。

又如：“只有爱的力量，才可以征服整个人类的心灵。”演讲时，在讲到“爱的力量”时，可右手握拳、齐肩，一直保持到“征服整个人类的心灵”时，将右拳用力向前高举过头。

再如：“祝我们的生活永远充满阳光，祝我们每一个人的心灵都永远阳光。”在讲到“充满阳光”时应面露微笑，双手向前平伸，保持到“永远阳光”时，将双手高举过头。

（2）中位

肩部到腹部为中区手势，表示客观冷静、平静缓慢。

如：“我试图用一种眼神去告诉他，你能行!”讲到“你能行”时，可将右手握拳轻轻敲打左肩。

又如：“我和你们拥有同样的梦想。”讲到“我”时左手按在胸前，讲到“你们”时将右手向前平伸，微笑，直到这句话讲完。也可以在讲到“同样的梦想”时，面带微笑，将双手向前平伸。

（3）下位

腹部以下为下区手势，表示不高兴、鄙夷、厌恶、决裂。

如：“让懦弱离我而去吧!”在讲到“离我而去吧”时，可用力向下劈右掌，脸上露出坚定的表情。

2. 手势活动的幅度

幅度的大小与演讲者的感情、语势有很大关系。

手动臂不动，是小幅度；手臂挥动甚至还带动全身，双手挥舞，是大幅度。幅度大，表示感情强烈，幅度小，表示感情平和。

一般说来，演讲者大幅度的手势只能偶尔使用，用得太多会破坏协调美。

3. 手势的含义

（1）手指

食指：伸直食指指自己的眼睛、耳朵、鼻子，分别表示“看”“听”“我自己”等。向上竖起食指，表示“一个”“一次”等。

拇指：跷起拇指，表示和好、赞许。

（2）手掌

伸掌：五指合拢，手掌平伸。掌心向上，表示征求意见。掌心向下，表示要抑制和安定受众的情绪，制止某种行为的发生。摊开双手，表示希望受众理解。慢慢搓掌，表示控制自己的感情。双手朝上搓，表示摩拳擦掌、急不可待；往下搓，表示局促不安、不好意思。

劈掌：手掌挺直展开，像斧子似的劈下，表明要果断地下决心。

合掌：双手合拢放于胸前，表示祈祷。

（3）拳头

右手握拳放于耳侧，表示宣誓、决心。拳头放于胸前，表示下定决心。拳头放于两腿侧边，表示胸中怒火燃烧但又强压着。

总的说来，手势不在多，在于简练、有表现力。

手势还需要自然协调，符合演讲内容的需要，符合受众的情绪，符合演讲者的身份和性格特征，与演讲者的表情配合，与有声语言同步。

若两个动作连在一起，则要一气呵成。如：“相信我，我才 21 岁，一定会做到！”在演讲时，当讲到第一个“我”时，可平伸右手抚胸，一直保持到“一定会”，然后在讲到“做到”时变手掌为握拳，迅速举到齐肩处。这两个动作中间的连接要自然，不能在“相信我”讲完后迅速将右手放下，等到“一定会做到”时再握拳举起，这样显得局促。

（三）面部表情的表达技巧

演讲者的表情如“荧光屏”，受众的眼神都集中在“荧光屏”上。演讲者的面部表情一般应该带有微笑。

要善于用目光接触受众，一场成功的演讲，开口前，就应该先与受众进行目光交流，环视全场让自己和受众的情绪稳定下来，同时在演讲过程中要持续与全场受众有目光接触，特别是坐在后面和坐在前排两侧的受众。目光接触可以吸引受众的注意力，另外还可以透过目光接触来回应受众，感受现场氛围。

1. 眼神

目光接触的方法主要有以下几种：

（1）前视法

演讲者视线平直向前，直至视线落到最后的受众。

（2）环视法

眼睛向全场有目的地扫视，使所有听你演讲的人都注意到你，这样能较全面地了解受众的反应。可根据你的环视随时调整演讲的内容、语调，把握演讲的节奏。环视时间最多三秒，把受众注意力吸引过来即可。

（3）虚视法

演讲需要虚与实的目光交替。“实”看某一部分人，“虚”看大家。演讲要做到“目中无人，心中有人”。

在演讲中忌目光空洞，这易损坏自己的形象。目光畏缩慌乱也是不良表现。另外，毫无目的左右乱看也应避免。毫无理由地闭眼或眨眼，这种不良习惯也应避免。

2. 表情

与其说演讲是以理服人，还不如说演讲是以情感人，情感是演讲的生命线。演讲稿写得再精彩，如果演讲者讲得平淡，演讲效果也不会太好。很多时候，受众是被你的热情所感染。演讲者必须懂得如何才能点燃受众的激情。演讲者感情是否充沛，表情是否丰富，也是评委打分的重要依据。要想在演讲比赛中取胜，这一点尤为重要。那么，怎样才能让感情融贯始终，让激情满而不溢？

（1）学会微笑

演讲中的微笑与平和，能赢得众多受众的好感。在演讲之前，先酝酿一下感情，然后对受众报以友好真诚的一笑。

（2）先感染自己

要想感染别人，最根本的是自己进入情绪，进入状态，用自己的心来讲述，让自己先为之感动。

（3）情绪配合内容

有些时候我们看别人演讲，会觉得演讲者感情太夸张、不自然，或觉得演讲者说的话是唱高调。这其实是因为演讲者所表达出来的感情和他表达的内容脱节、不合拍，因此情绪必须和内容相符。

（4）逐步升华情感

情感需要铺垫，应该一步一步地提升，逐步到达高潮。有的演讲者一上台便慷慨激昂、高声呼喊，讲到高潮时简直声嘶力竭、手舞足蹈。有的演讲者却是从头至尾平淡如水。这样的演讲都是不成功的。演讲要根据内容有抑有扬，最后达到情感高潮。为此，我们先要把握好感情的基调，起调不要太高，气氛渲染到一定程度再把积蓄已久的感情释放出来。

（5）情感融贯始终

让情感融贯始终就是必须让感情有始有终，贯穿整个演讲过程。有些演讲者开始挺有激情，越到后面越显得有气无力。有的相反，前面老是进入不了状态，后来才找到感觉。这两种表现均要避免。

演讲者从演讲前便应该调整情绪，及时进入状态，等演讲结束时再松弛。台上几分钟应该保持最好的精神面貌，一气呵成，不半途而废。

总而言之，体态语是演讲表达的重要方式之一。它不仅有效地帮助你传情达意，使你站在台上不至于太呆板，还能塑造你的形象，给受众留下深刻印象。

课堂训练

1. 为下列演讲词设计得体的手势。

（1）我希望人人都有一个温馨的家。

（2）当我们面鬓微霜、执手相看，我们真想问一声："老同学，你过得还好吗？"

（3）成长对于我来说，或许就是努力、谦让和自信的融合历程。

（4）我知道，这条路很长，但我将执着地前行。

（5）我们要团结起来，共同奋斗！

（6）感恩的心，让我学会做我自己！

（7）我的心里满是恐惧。

（8）他努力克制着自己的感情。

（9）走自己的路，让别人说去吧！

（10）我暗下决心：一定要超越他！

（11）此时，我又能想出什么办法呢？

（12）好小子，等着瞧！

（13）在这里，比山高、比海深的爱啊，为我们铺就了一条金光闪闪的大道！

（14）美丽的龙城正在迅猛腾飞！

（15）此时此刻，无数荣誉和光环笼罩着我，但是我告诉自己，忘记短暂的掌声和鲜花，重新站到起点，去争取新的更大的光荣。

2. 根据下面的材料进行浓缩性模拟演讲，努力塑造大方、自信的演讲者形象。

各位老师，各位同学：

你们好！我是来自____系____班的______，今天我演讲的题目是《让友谊之花开满校园》。

……

我的演讲结束了，谢谢大家！

3. 请同学们轮流上台，站在讲台前，目视台下师生，进入演讲状态，感受现场状态，进行演讲心理体验。每次站立至少半分钟，直到练习者不觉得十分紧张为止。

4. 小组合作，为以下演讲词设计适当的体态语言，并推荐小组代表上台演讲。

各位领导、各位老师，亲爱的同学们：

大家好！

很多成功者并不见得很聪明，很多失败者并不见得很愚笨。有两样东西比聪明的脑袋更重要，那就是人的心灵和意志。一个人的贫穷很大程度上是心灵的贫穷，一个人的成功很大程度上是意志的成功。

小时候，我口吃很严重，上初中时，轮到我当值日生，上课前必须在老师走上讲台时站起来喊“起立，老师好！”我常常是站起来好几分钟，嘴巴大张，话就是出不来，经常惹得同学们哄堂大笑。我很难过、很自卑。几年过去了，我上课仍然不敢主动回答老师的提问。“连说话都很困难，毕业后怎么工作？”我时常听到老师和同学这样议论我，内心非常痛苦，终于暗下决心：“有朝一日，我一定要说出一口流利的普通话，一定要靠自己的嘴巴吃饭！”从此，上早读课时，在很多同学都在沉默不读书的时候，我一个人在教室里旁若无人地像个疯子一样放声朗读。坚持了一年，我的胆子越来越大，底气越来越足，张口就说话，提笔就成文，还被选为学生会宣传部部长。现在，我以演讲为职业，变当年的痛苦为快乐，活出了自我，活出了价值！

同学们，何必为自己的缺陷、自己的失败而沮丧呢？何必为别人的嘲笑、别人的讽刺而痛苦呢？这些其实是上天赐给你们的福分。我们应该把人生一切不幸的遭遇照单全收，我们要感谢上苍对我们所做的一切不合理的安排，感谢社会的残酷，感谢世态的炎凉，感谢人生的痛苦！

谢谢大家！

练习

1. 如何划分演讲的手势活动范围？
2. 选择你喜欢的一篇演讲稿，精心设计体态语言。

相关链接

演讲时克服恐惧的常用方法

在演讲时，我们可以用以下方法克服恐惧心理：

一、深呼吸法

找一个比较安静的地方，站立，全身放松，深呼吸，心想："放松，放松。"这样可以使血液循环减慢、心神安定下来。

二、临场活动法

由于正常的紧张情绪也会使体内产生大量的热能，所以可以稍稍活动活动，使热量散发。可走动、小跳、摇摆、踢腿，也可双手握紧再放开，让肌肉缩紧再放松。

三、凝视法

确定一个距离较远的清晰物体，凝神并细心分析，琢磨其颜色与远近，转移过度紧张的注意力。

如何在演讲中发挥自己的最佳水平

演讲时，当演讲者出现了以下症状时就是有了怯场的心理障碍：嘴干、喉咙发紧、手心出汗或冰凉、手脚发抖、心跳加快、嘴唇发抖等。

产生怯场心理的原因有三方面：准备不充分；受众太多且陌生；太在乎演讲的结果，即太在乎受众对自己的评价。

我们如何在演讲中调节怯场心理，发挥出自己的最佳水平呢？

一是要做好充分的演讲准备。演讲前要收集丰富的材料，写好演讲稿并反复熟读背通，将自己的演讲拍成视频并反复观看、演练和改进，事先到演讲的场所实地察看，对演讲中可能出现的意外现象预先设计好应对方法。

二是在演讲时可以用具体行动增强自信。演讲时平视自己的正前方，让受众感到你在和他们进行眼神交流，感受到你很从容自信；上场前做深呼吸，控制心跳，并进行积极暗示；开始演讲时声音洪亮，保持微笑，发现受众不够专注时，可根据演讲的内容放低声音，充分运用抑扬顿挫的音调吸引受众；演讲时手中拿一样东西，移情于物，以缓解紧张情绪；演讲时努力增加语言的风趣幽默感。

此外，在演讲前，还要注意饮食，要节俭地用餐。某演讲家遇到晚上有演讲安排时，通常只在下午五点左右吃一些饼干，喝点牛奶，除此之外，拒绝一切美味佳肴。因为当饱餐食物一个小时后，大脑往往会因为食物而变得迟钝，很难自如地发表演讲。同时，在演讲前也不要去做有损体力的事情，要使自己在演讲时保持活力与激情。